MANFRED DIMDE
Die vierte Pyramide

MANFRED DIMDE

Die vierte Pyramide

Dem Geheimnis von Gizeh auf der Spur

*Neue Erkenntnisse über das erstaunliche
technologische Wissen der Pharaonen*

Droemer

Besuchen Sie uns im Internet:
www.droemer-weltbild.de

Die Folie des Schutzumschlags sowie die Einschweißfolie
sind PE-Folien und biologisch abbaubar.
Dieses Buch wurde auf chlor- und
säurefreiem Papier gedruckt.

INHALT

PROLOG

In einer Sammlung arabischer Handschriften der Königlichen Bibliothek zu Berlin befanden sich Ende des 19. Jahrhunderts Abschriften der Texte des Kairoers Muhammad al-Makrizi, der von 1361 bis 1442 gelebt hatte. Diese Abschriften sind etwa hundertdreißig Jahre nach seinem Tod angefertigt worden. Die Berichte des Muhammad al-Makrizi zur Geographie und Geschichte Ägyptens sind zwar im Geist seiner Zeit und seines Glaubens abgefasst, stellen aber eine Fundgrube für jeden dar, der weiß, wonach er auf dem Pyramidenplateau von Gizeh zu suchen hat, das in der blumenreichen Sprache der Araber »goldene Wiese« hieß. Sie sind nicht nur deshalb ein einzigartiges Zeitdokument, weil sie die damals geläufigen Berichte über die Geschichte der Pyramiden wiedergeben, sondern vor allem deshalb, weil Al-Makrizi geboren wurde, als Sultan Hassan gerade gestorben war. Hassan aber war der Erbauer der nach ihm benannten Kairoer Moschee, die er – wie Eingeweihte wissen – als »vierte Pyramide Ägyptens« bezeichnet hatte.

Der Umstand, dass Al-Makrizi also ein Zeitgenosse jener Menschen war, die am Bau dieser Kombination aus Moschee und Mausoleum, Koranschule und Krankenhaus mitgewirkt haben, macht seine Texte so interessant. Es liegt schließlich auf der Hand, dass besagter Sultan sehr genau über die Pyramiden Ägyptens und deren Geheimnisse Bescheid gewusst haben muss – sei es durch seine Vorgänger, sei es, weil er unter der zerstörten Außenverkleidung der Pyramiden auf kleine Hohlräume gestoßen war, die bestimmte Hinweise enthielten. Liest man heute die Berichte Al-Makrizis im Zusammenhang mit den Ergebnissen meiner Suche nach der verschollenen vierten Pyramide, dann bekommt sein Text eine besondere Bedeutung.

Am Anfang meiner Recherchen, im Jahr 1969, stand die Begegnung mit einem alten britischen Ägyptologen in Kairo, der auch unter dem Regime von Abd el-Nasser bei »seinen Pyramiden« ausharrte. Er zeigte mir in der Sultan-Hassan-Moschee Marmorplatten, von denen er sagte, sie stammten von der Chephrenpyramide. Diese Begegnung markierte den Beginn einer dreißigjährigen Suche nach Beweisen dafür und nach den Quellen, auf die der Ägyptologe sich bezogen haben könnte.

Als ich jedoch Ende der Achtzigerjahre in Kairo mit allen erdenklichen Mitteln an arabisches Schriftgut aus der Zeit Sultan Hassans zu gelangen versuchte, kam ich keinen Fußbreit voran. Weder an der Universität noch in sonstigen Instituten hielt man die Aussage des Professors für prüfenswert, man verneinte sogar auffällig vehement, dass in den Archiven der Universität Hinweise auf seine These zu finden sein könnten. Eine solche Verweigerungshaltung rechtfertigt sich in der arabischen Welt gemeinhin durch den unausgesprochenen Zusatz, wenn Gott wolle, werde er solche Dokumente schon ans Tageslicht bringen. Diese typisch orientalische Einstellung, verbunden mit chaotischen Archivierungsmethoden, stellt nahezu sicher, dass die unerwünschten Dokumente für alle Zeiten unsichtbar bleiben.

Doch durch eine Mischung aus Beharrlichkeit und Glück gelang es mir dennoch nach und nach, eine Reihe von Indizien und Überlieferungsbruchstücken zusammenzutragen. Welche Indizien ich gefunden habe, unter welchen teilweise abenteuerlichen Umständen ich ihrer ansichtig wurde und wie diese Bruchstücke meines Erachtens zu werten sind, wird in diesem Buch dargestellt.

Die Übersetzung der arabischen Texte aus dem 14. Jahrhundert, die vor neunzig Jahren von Erich Graefe angefertigt wurde, habe ich im Folgenden meist ohne große Kommentare jeweils dort eingefügt, wo ich auf die betreffenden Aspekte eingehe.

Mit stillem Triumph ziehe ich mich nun aus dem aktiven Kreis der »unorthodoxen« Pyramidenforscher zurück und überlasse es der nächsten Generation hartnäckiger Sucher, die Spur aufzunehmen, die mich zweiunddreißig Jahre lang in Atem gehalten hat. Möge die Begeisterung sie zum Ursprung zurücktragen – zu den Fundamenten des Pyramidenbaus in Gizeh.

Manfred Dimde,
im Herbst 2001

1

DIE VIERTE PYRAMIDE – ERSTE ANTWORTEN UND BELEGE

Drei oder vier Pyramiden?

Im ersten Teil dieses unkonventionellen Ägyptenbuchs möchte ich Ihnen zeigen, dass es schon seit langem Belege gibt, die für die einstige Existenz einer vierten großen Pyramide auf dem Plateau von Gizeh sprechen. *Abbildung 1* zeigt als Ausschnitt die Bemalung einer Vase, die auf zirka 5000 v. u. Z. datiert wird. Üblicherweise wird diese Zeit als vorägyptische Epoche angesehen, in der es noch keine Pyramiden gegeben haben soll. Daher stellt die herkömmliche Ägyptologie das Alter der Vase in Frage – denn was nicht sein darf, muss nun mal geleugnet werden.

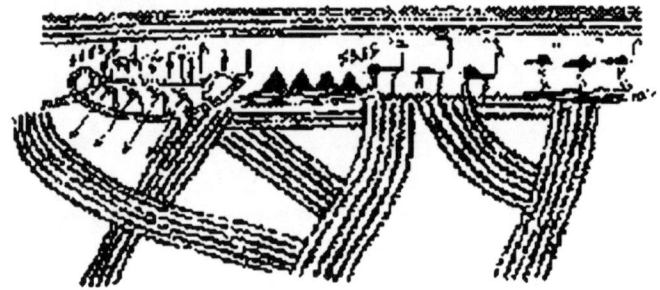

Abbildung 1: Ornament auf einer zirka siebentausend Jahre alten ägyptischen Vase

Wir erkennen vier Pyramiden, die am Ufer eines Flusses stehen. Ferner sind Menschen zu sehen, die mit Speeren von einem Boot aus in das Wasser stechen, sowie Tiere, die alle in eine Richtung blicken. Schließlich ist da ein Netz von Wellenlinien zu erkennen. Sind dies die Verzweigungen eines Flusses? Könnte hier das Nildelta angedeutet sein, weil man auf eine ganz bestimmte Stelle am Ufer des Nils aufmerksam machen wollte?

Tatsächlich liegt das Plateau von Gizeh an einer markanten Stelle des Nils. Etwa dort beginnt die Verzweigung der

Lebensader Ägyptens zu einem Delta, bevor die Wasser des Nils im Mittelmeer aufgehen. Für die alten Ägypter war dies der »Tod des Nils«.

Es ist auch aus anderen Gründen durchaus legitim, dieses auf der Vase abgebildete Detail auf das Pyramidenplateau von Gizeh zu beziehen. Wie ich im weiteren Verlauf dieses Buches noch aufzeigen werde, befand sich der so genannte altägyptische Urhügel – gemäß der Schöpfungsgeschichte der Stadt Heliopolis – ebenfalls in unmittelbarer Nähe dieser Stelle. Der Urhügel der Stadt, die im Alten Testament den Namen On trägt, wird als eine Art »Nabel der Welt« angesehen, in dem sich die gesamte Schöpfung zentriert.

Der Abbildung auf der Vase stelle ich nun ein Foto von den Pyramiden von Gizeh aus heutiger Sicht gegenüber *(siehe Abbildung 2).* Es ist aus einer Perspektive fotografiert, für die sich die wenigsten Touristen interessieren. Nach der Anfahrt mit dem Bus zur Cheopspyramide, der Umrundung einer der Pyramiden, womöglich dem beschwerlichen Aufstieg im Inneren einer Pyramide oder gar nach dem Besuch der großen Königskammer in der Cheopspyramide (sofern man eine Eintrittskarte ergattert hat) sind die meisten Besu-

Abbildung 2: Das Pyramidenfeld, von West nach Ost aufgenommen

cher erschöpft. Allenfalls interessieren sie sich dann noch für die Sphinx mit der Gesamtübersicht vom Niltal aus – das klassische Motiv fürs heimische Fotoalbum.

Aber es gibt auch Besucher des Pyramidenfeldes, die etwas mehr Zeit mitgebracht haben und eine kleine Anhöhe westlich der Pyramiden aufsuchen. *Abbildung 2* zeigt die Pyramiden, von dort aus aufgenommen, also in Richtung des heutigen Kairo.

Scheinbar ist auf dem Bild alles in schönster Harmonie und Ordnung, doch tatsächlich ist nichts in Ordnung: Dieses Bild ist eine Fotomontage, denn hier wurde die Mykerinospyramide dupliziert und das Doppel wie ein künstlicher Zahn als vierte Pyramide in die »Lücke« eingesetzt.

Wie wirkt die Fotomontage auf Sie? Für mein Gefühl wirkt dieses Bild harmonischer als die reale Konstellation in *Abbildung 3*.

Abbildung 3: Die drei großen Pyramiden von Gizeh

Eine Fotomontage ist natürlich kein Beweis für die frühere Existenz einer weiteren Pyramide. Beim Einstieg in die aufregende Welt der Geheimnisse der Priesterschaft und der Pharaonen hilft sie uns jedoch, unsere Augen zu schulen.

Osiris und die vierte Pyramide

In einer altägyptischen Legende findet man einen Hinweis auf eine große, folgenreiche Zerstörung. Dort erfährt man, dass während eines Streits ein »Etwas« zertrümmert und die Bruchstücke längs des Nils verstreut worden seien. Die zerbrochene Kostbarkeit trägt in der Legende den Namen des altägyptischen Gottes Osiris. Wir erfahren, dass Osiris in einem Streit getötet und zerstückelt worden ist. Seine Schwester Isis macht sich auf, um die Bruchteile ihres Bruders einzusammeln und wieder zusammenzufügen. Der Legende nach gelingt es ihr, alle Teile – bis auf das Geschlechtsorgan des Osiris – zu finden und ihn wieder zusammenzubauen.

Eine merkwürdige Götterlegende. Vieles spricht dafür, dass der Name »Osiris« nur als sakrale Verkleidung gewählt wurde, um eine nicht weniger »göttlich« anmutende Kostbarkeit zu bezeichnen. Übertragen hieße das also, dass schon einmal versucht wurde, die vierte Pyramide wieder aufzubauen und die Anlage von Gizeh erneut in Betrieb zu nehmen. Wer könnte das versucht haben? Eine einzelne Person wohl kaum, eine Gruppe hochgebildeter Menschen schon eher – zum Beispiel die Priesterschaft von On oder Heliopolis (Sonnenstadt), wie die größte Priesterstadt Ägyptens von den Griechen genannt wurde.

Wenn die vierte Pyramide in dieser Legende den Namen des Gottes Osiris trägt, wäre es dann nicht naheliegend, dass auch die anderen Pyramiden von Gizeh mit Götternamen bezeichnet wurden?

Ich werde versuchen, Ihnen zu zeigen, dass die Schöpfungsgeschichte, die in der Priesterstadt On aufbewahrt wurde, symbolisch auf dem Pyramidenfeld dargestellt wurde, sodass man die dortigen Pyramiden tatsächlich mit den Namen der alten Götter belegen kann. Hierfür müssen wir uns an die Schöpfungsgeschichte und die darin enthaltene Beschreibung der Götterneunheit von Heliopolis halten.

Auch wenn die offizielle Ägyptologie das anders beurteilt, waren Pyramiden und Pyramidenanlagen stets einem Zentrum der ägyptischen Priesterschaften angeschlossen. So wie die Stufenpyramide von Sakkara zur Regierungshauptstadt Memphis gehörte und von dort aus verwaltet wurde, muss man die Pyramiden von Gizeh zum geistigen und geistlichen Regierungszentrum des Landes rechnen, zur Priesterhauptstadt On. Verwundert es da, dass sich die bedeutendste Priesterstadt auch die ungewöhnlichste Pyramidenanlage leisten konnte?

Wenn Reisende der Antike davon berichten, dass in On einst zwölftausend Priester Dienst taten, können wir zumindest ahnen, wie bedeutsam dieser Ort gewesen ist. Hinzu kommt, dass dort die älteste Version einer Schöpfungsgeschichte verwahrt wurde. Fast viertausend Jahre lang war On der Vatikan, das Mekka oder Jerusalem des alten Ägypten.

Die Pyramiden von Gizeh und die Obelisken von Heliopolis

Auch weil die Pyramiden von Gizeh nicht als Gesamtanlage in einem Zusammenhang mit On, dem Verwaltungszentrum der Priesterschaft, betrachtet werden, hat man bisher übersehen, dass sie eine konkrete Funktion hatten. Sieht man sie lediglich als Grabmäler an, die nach der Bestattung des Pharaos, für den sich zwanzig- oder dreißigtausend Untertanen abgeplagt hatten, keinerlei weitere Funktion besaßen, dann gibt es allerdings auch keinen Grund, über diese gewaltigen Bauwerke und mögliche Zusammenhänge länger nachzudenken.

Stellt man diese Sichtweise aber in Frage, so erkennt man verschiedene Zusammenhänge zwischen Gizeh und Heliopolis. Deren erster wird sichtbar, wenn man eine Peilung über die Achse der beiden großen Pyramiden (Chephren und Cheops) in Richtung Nordost vornimmt. In dieser Richtung liegt Heliopolis, heute in Ägypten Alt-Heliopolis genannt *(siehe Abbildung 4)*. Verfolgt man diese Linie weiter nach Nordost, so findet man bis zum heutigen Port Said eine ganze Reihe ägyptischer Kultbauten. Diese Linie scheint etwas Besonderes gewesen zu sein, denn auch in Gegenrichtung, in Richtung der Oase von Faiyum, finden sich historische Bauten.

Von Heliopolis aus könnte man die Pyramiden sehen, nur die Häuser der Großstadt Kairo stehen dem heutzutage im Weg. Der Blick der Priesterschaft von Heliopolis aber richtete sich noch ungehindert auf die Pyramiden von Gizeh. Von dort scheint sich ein uns bislang noch unbekannter Energiestrahl, der in der Schöpfungsgeschichte von On als Lichtstrahl erwähnt wird, auf die Obelisken gerichtet zu haben, die in Heliopolis wohl eigens dafür erbaut worden waren.

Nimmt man die Schöpfungsgeschichte beim Wort, müssen die Bauwerke auf dem Plateau von Gizeh im Vergleich gewaltige Sender gewesen sein.

In *Abbildung 4* ist die Peilung Gizeh – On eingezeichnet, verlaufend von Südwest in Richtung Nordost. In dieser Richtung, etwa fünfundzwanzig Kilometer von Gizeh entfernt, lag On, der Ort mit der größten Obelisken-Häufung in ganz Ägypten. Die Frage drängt sich manch einem auf, der sich vor Ort mit offenen Augen umsieht: Könnten die Pyramiden von Gizeh womöglich auf drahtlosem Weg Energie nach On übertragen haben, die dort von den Obelisken eingefangen wurde?

Mit dieser Frage beschäftigen sich auch diejenigen, die zu erforschen versuchen, warum die Ägypter ursprünglich keinerlei Soldaten zum Schutz des Landes benötigt hatten. Erst etwa ab 1500 v. u. Z. fing für die Ägypter eine Zeit kriegerischer Verwicklungen an. Möglicherweise, so wird spekuliert, waren sie durch ein »System« geschützt, das die Sinne ihrer Feinde verwirrte.

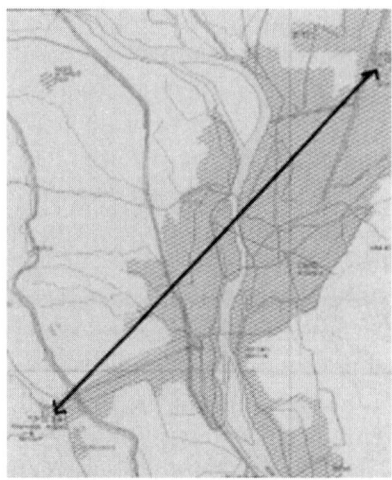

Abbildung 4: Die Achse der Chephren- und Cheopspyramide weist in Richtung Heliopolis. Durch die heutige Ausbreitung von Kairo ist dieser Zusammenhang auf den ersten Blick nicht mehr zu erkennen.

Auf der in *Abbildung 4* eingezeichneten Linie – zwischen Pyramidenfeld und Nil – könnte sich nach den Angaben von Edgar Cayce auch die so genannte »Halle der Aufzeichnungen« befunden haben. So bezeichnete der bekannte amerikanische Seher Mitte des letzten Jahrhunderts den Ort, an dem sich unschätzbar wertvolle Aufzeichnungen und Baupläne befinden sollten. Nach seinen Angaben soll diese »Halle«, eine Art »Bibliothek des Wissens«, sich irgendwo zwischen den Pyramiden und dem Nil befunden haben. Wir werden sehen, wie es sich damit verhält.

Jedenfalls hat der Lauf des Nils in alter Zeit die Linie an irgendeiner Stelle geschnitten. Von dort aus in Richtung Gizeh müsste man also laut Cayce suchen. Allerdings wird von dieser »Halle der Aufzeichnungen« heute nicht mehr viel übrig sein: Sie wurde nach der Zerstörung der vierten Pyramide – möglicherweise schon vor Jahrtausenden –

nach Heliopolis geschafft. Die verbliebenen Reste aber ließ vor siebenhundert Jahren Sultan Hassan in seiner Moschee verbauen, um sie auf diese Weise erneut für die Nachwelt zu sichern.

Die vierte Pyramide – der »Motor« von Gizeh?

Um der möglichen Funktion der einstigen vierten Pyramide auf die Spur zu kommen, darf man nicht die einzelnen Pyramiden je für sich betrachten, wie es heute allgemein üblich ist, sondern sollte das Plateau von Gizeh als Anlage, als Gesamtheit also, sehen. Sicherlich steht die heutige Ansicht, jede Pyramide stelle für sich das Grabmal eines Pharaos dar, einer solchen Betrachtungsweise entgegen, dennoch möchte ich Sie bitten, sich auf diesen Gedanken zumindest spekulativ einzulassen.

Angenommen also, Gizeh wäre einst als Anlage – von wem auch immer – gebaut worden, um damit beispielsweise Energie zu gewinnen: Was würde man tun, um eine solche Anlage so abzuschalten, dass sie nicht mehr mit wenigen Handgriffen aufs Neue in Betrieb genommen werden kann?

Vergleichen wir das zum besseren Verständnis mit einem Apparat aus heutiger Zeit: Wie könnten wir ein Automobil so außer Funktion setzen, dass es seine Aufgabe – die Fortbewegung – nicht mehr erfüllen kann?

Ziehen wir einfach den Zündschlüssel ab, so kann der Motor kurzgeschlossen oder mit einem Zweitschlüssel leicht wieder in Betrieb genommen werden. Leeren wir den Tank, genügt neuer Treibstoff, um das Auto aufs Neue zu starten. In ähnlicher Weise lässt sich fast jedes Einzelteil, das wir entfernen könnten, relativ leicht wieder beschaffen und einbauen – erst recht, wenn man beliebig viel Zeit hat (im Fall der Pyramiden ein paar tausend Jahre), um die Lücke zu schließen.

Was aber, wenn wir den gesamten Motor aus der Anlage ausbauen? Dann ginge buchstäblich nichts mehr, denn der Motor ist das Herz der ganzen Apparatur. Wer den Motor nachbauen kann, der kann vermutlich auch den Rest der Anlage selbst konstruieren. Wer dazu aber nicht imstande ist, dem bleibt wohl nichts anderes übrig, als die verbliebene Anlage als »Kunstwerk« zu genießen – oder sie zu verschrotten.

Mit anderen Worten: Die vierte Pyramide von Gizeh scheint ihrer Funktion nach der »Motor« gewesen zu sein, der eben deshalb aus der Gesamtanlage von Gizeh entfernt worden ist. Mancherlei Indizien sprechen dafür, dass sich in dieser Pyramide das »Herz« befunden haben muss, das die Anlage in Betrieb hielt. Und ebenso spricht vieles dafür, dass die Anlage von Gizeh zur Produktion von Energie diente. Aber möglicherweise hatten die Pyramiden als Gesamtheit noch weitere, bisher unbekannte Funktionen. Enthielten sie beispielsweise auch die »Bibliothek des Wissens« – mit den Bauplänen eines »Motors« und unter Umständen vielleicht sogar ein paar Baumaterialien, die nicht so ohne weiteres verfügbar waren?

Meinen Recherchen nach befanden sich in der vierten Pyramide ursprünglich alle Informationen nicht nur zum Bau eines neuen »Motors« für das Pyramidenplateau, sondern auch über die intelligenten Wesen, die diese Anlage einst erbauten und auch steuern konnten. Aus zuverlässiger Quelle weiß ich, dass man seit langem fieberhaft nach dieser geheimnisvollen Technik sucht, die den ersten wahren Pharaonen zur Verfügung stand. Dann wäre dies der Ort, den Edgar Cayce die »Halle der Aufzeichnungen« nannte.

Vieles spricht dafür, dass zwischen dieser »Halle der Aufzeichnungen« und der vierten Pyramide ein Zusammenhang besteht. Mit der Demontage der vierten Pyramide wurde offenbar auch die »Halle der Aufzeichnungen« abgetragen. Das müsste meinen Erkenntnissen nach irgendwann zwischen 5000 und 1800 v. u. Z. geschehen sein – aus Gründen, die bis heute unbekannt sind.

Es kommt Ihnen unglaublich vor, was ich hier schreibe? Das ist nur zu verständlich, mir wäre es vor einigen Jahren auch nicht anders gegangen, hätte mir damals jemand eine so wilde Theorie aufgetischt. Aber wenn Sie bereit sind, als gesichert geltendes Wissen und scheinbare Wahrheiten einmal zu hinterfragen, werde ich Ihnen in den folgenden Kapiteln Schritt für Schritt die Gründe darlegen, die die Funktion der Pyramiden von Gizeh – und damit die Frage, wer ihre Erbauer waren – in einem radikal neuen Licht erscheinen lassen.

Wo genau stand die vierte Pyramide?

In *Abbildung 5* habe ich die wahrscheinliche Position der vierten Pyramide eingezeichnet. Die Skizze ist nicht maßstabsgerecht ausgeführt, sondern soll das Grundprinzip der

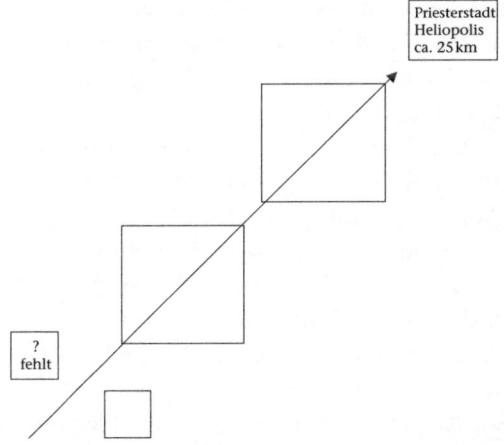

Abbildung 5: Skizze des Pyramidenfelds von Gizeh, ergänzt um eine vierte Pyramide

Anlage verdeutlichen. Die Achsen der beiden großen Pyramiden weisen in Richtung Nordost beziehungsweise Südwest. Die suggestive Kraft dieser Skizze ist erstaunlich: Wer sie betrachtet, kann sich des Verdachts nicht erwehren, dass die Mykerinospyramide schon aus Gründen der inneren Harmonie und Symmetrie einst ein Pendant gehabt haben *muss*. Es erscheint logisch, dass die Achsen dieser beiden Pyramiden in Richtung Südost–Nordwest ausgerichtet waren.

Bilddokumente, auf denen die geologische Formation des Plateaus von Gizeh zu erkennen ist, stützen die Annahme, auf denen unsere Skizze beruht. So machte die vom Revolutionsparlament der Ersten Republik Frankreichs angeordnete Ägyptenexpedition eine Bestandsaufnahme der Auffälligkeiten im Land des Nils, die auch Zeichnungen einschloss. Die vor rund zweihundert Jahren geleistete Arbeit dieser Wissenschaftler dokumentiert eine unverfälschte Situation auf dem Pyramidenfeld von Gizeh.

Zu diesem Zeitpunkt war das unmittelbare Umfeld am Fuß der Pyramiden noch nicht vom Geröll der Jahrhunderte befreit worden. Das entsteht dadurch, dass die Sonne im Sommer die Steinblöcke der Pyramiden bis über sechzig Grad aufheizt. Durch die Temperaturschwankungen platzen kleinere Gesteinsbrocken von den Quadern ab und rieseln die Pyramidenwände hinunter, bis sie auf einer Stufe liegen bleiben. Als man die Pyramiden für den neuen Touristenstrom nach der Ära Nasser aufputzte, wurde der Kehricht in Südwestrichtung transportiert, in der die vierte Pyramide, von der Chephrenpyramide aus gesehen, gestanden haben dürfte. Durch diese Aktion sind die Strukturen des Pyramidenfeldes an dieser Stelle heute nicht mehr deutlich sichtbar und auch in weitem Umkreis nicht mehr zu erkennen.

Gut also, dass es akribisch gezeichnete Pläne aus der Zeit um 1800 gibt. Im unteren linken Quadrat eines solchen Plans ist eine Ummauerung zu erkennen *(siehe Abbildung 6)*.

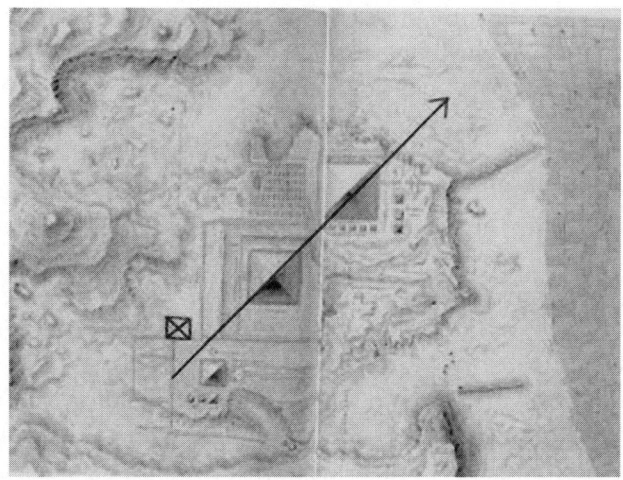

Abbildung 6: Das Pyramidenfeld um 1800. Die vierte Pyramide ist (entsprechend *Abbildung 5*) in den Lageplan der französischen Expedition eingezeichnet.

Wie in *Abbildung 6* eingezeichnet, könnte die kleinste der drei großen Ägypterinnen am Ufer des Nils zusammen mit der demontierten vierten Pyramide den Eingang zum oder auf dem Pyramidenfeld gebildet haben. Vieles spricht dafür, dass es sich um die Pforte zur »Neunheit von Heliopolis« gehandelt hat (hierzu siehe Kapitel 7, S. 119). In ganz ähnlicher Weise wurden an Tempeleingängen im alten Ägypten oft zwei Obelisken errichtet, die gleichsam eine Pforte bildeten.

Für eine vierte Pyramide wäre also auf dem Pyramidenplateau Platz vorhanden gewesen, und mit hoher Wahrscheinlichkeit wäre ein solches Bauwerk an der eingezeichneten Stelle errichtet worden. Allerdings, wenn es diese vierte Pyramide gab – und ich bin mir meiner Sache sehr sicher –, dann muss man sich von der Theorie des Oriongürtels verabschieden. Vermutlich haben Sie schon von der Hypothese gehört, dass die Anordnung der drei Pyramiden von Gizeh eine auffällige Übereinstimmung mit dem Gürtel des Sternbilds Orion aufweist. Gehen wir aber von vier

Pyramiden aus, müssten wir nach einer anderen Fixstern-
konstellation suchen, natürlich nach einer Konstellation,
wie sie zum Zeitpunkt des Baus dieser Pyramiden am Himmel zu sehen war.

Es gibt jedoch noch eine weitere Möglichkeit, wo die
vierte Pyramide gestanden haben könnte. Diese zweite logi-
sche Position ergibt sich durch die überlieferten Ummaue-
rungen vor Ort.

Alle Pyramiden hatten eine Umfriedung aus Stein. Dieses
Mauerwerk war erforderlich, weil die Pyramiden der Über-
lieferung nach im Wasser standen. Das deckt sich mit der
Schöpfungsvorstellung der alten Ägypter, wonach sich der
Urhügel aus dem Urwasser erhob. Dann wären die Pyrami-
den allerdings schwerlich zugleich als Mausoleen für den
Oberpriester und Pharao errichtet worden.

Auf dem von der französischen Ägyptenexpedition ange-
fertigten Bild *(Abbildungen 6 und 7)* erkennt man links von

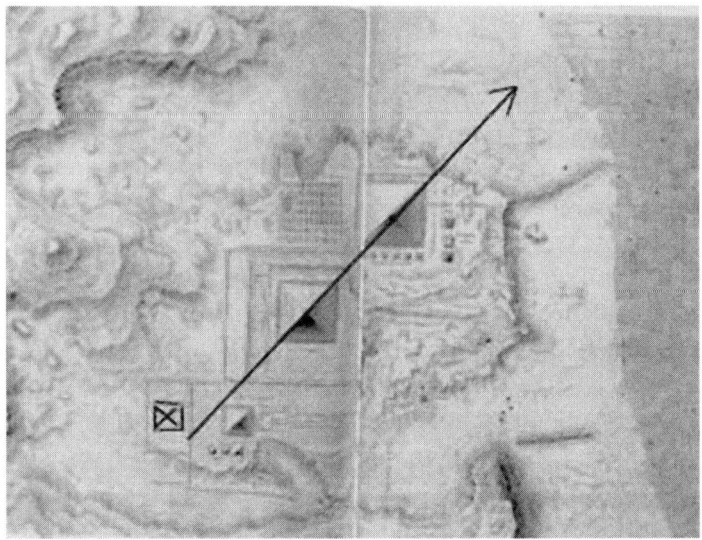

Abbildung 7: Die vierte Pyramide befindet sich in diesem Modell
innerhalb des gemauerten Rechtecks.

der Mykerinospyramide eine weitere Umfriedung, innerhalb deren sich aber keine Pyramide befindet. Werfen wir nun einen Blick auf die zweite mögliche Position der vierten Pyramide von Gizeh.

Auch diese Lokalisierung der vierten Pyramide würde ohne Zweifel in das Schema der Anlage von Gizeh hineinpassen und hätte sogar ihr eigenes Mauerwerk als Abgrenzung. Aber auch das genügt natürlich noch nicht als »Beweis« für die Existenz einer vierten Pyramide. Denn wo ist diese Pyramide heute? Warum sollte es sie nicht mehr geben?

Unsere Beweisführung sieht allerdings anders aus, wenn in den Überlieferungen der alten Ägypter etwas von der Zerstörung dieser Pyramide nachzulesen wäre. Und tatsächlich: In der Göttersage des alten Ägypten, die ich schon kurz erwähnt habe, kommt es zwischen den Brüdern Osiris und Seth zu einem Streit. Seth tötet Osiris und zerstückelt ihn. Er verstreut die Teile entlang des Nils.

Ist die vierte Pyramide also mit Osiris gleichzusetzen? Umschreibt demnach das Zerstückeln des Osiris die Demontage der vierten Pyramide? Meint folglich das Verstreuen des Baumaterials den Aufbau von Tempeln längs des Nils? – Ich möchte Sie an dieser Stelle bitten: Lernen Sie bitte sehen.

Bitte sehen Sie selbst.

Al-Makrizi über die Pyramiden

Wisse, dass die Pyramiden in Ägypten sehr zahlreich waren: In der Gegend von Busir gibt es eine Menge von ihnen.[1] Einige sind groß, andere klein, einige bestehen aus Lehm und Ziegeln, die meisten jedoch aus Stein. Eine von ihnen ist stufenförmig gebaut. Die meisten

---

[1] Gemeint ist das Gebiet um Sakkara.

aber laufen nach oben spitz zu und haben eine glatte Oberfläche.

Bei al-Giza, gegenüber der Stadt Misr, standen viele Pyramiden, die sämtlich nur klein waren; sie wurden zur Zeit des Sultans Salah ad-Din Jusuf b. Ajub durch Karakus zerstört. Er verwendete sie, um das Bergschloss sowie die Mauer, die al-Kahira und Misr umgibt, und die Brücken bei al-Giza zu bauen. Die größten sind die drei, die bis auf den heutigen Tag gegenüber von Misr stehen.[2]

---

[2] Das Pyramidenkapitel in Al-Makrizis »Hitat«. Hrsg. und übersetzt von Erich Graefe. Leipzig 1911

2
IRRWEGE
DER PYRAMIDENFORSCHER

»Pyramido-Mania«

Betrachten wir diesen Körper, den wir Pyramide nennen, von mehreren Seiten und aus verschiedenen Blickwinkeln, nicht zuletzt auch aus der Perspektive der offiziellen Ägyptologie.

Wen immer ich in den letzten vierzig Jahren auf Pyramiden angesprochen habe, hatte die Weltwunder von Gizeh vor Augen, diese drei Großen Ägyptens. Falls er oder sie musikalisch orientiert war, wurde diese Erinnerung vielleicht von heroischen Fanfarenklängen aus Verdis Oper »Aida« begleitet. Ohne Zweifel, die Pyramiden auf dem Plateau von Gizeh gehören zu den eindrucksvollsten Bauten auf der Erde, und das, obwohl ihre Außenverkleidung schon vor sechshundert Jahren abgetragen worden ist. Ich stelle mich uneingeschränkt in die Reihe all derer, die, durch Bücher und Fotos beeindruckt, geradezu eine Gier nach allem Ägyptischen entwickelt haben. Und keine meiner Erwartungen wurde enttäuscht, als ich im Juli 1969 das erste Mal am Fuß der Cheopspyramide stand.

Wieder zu Hause, füllte ich meinen Bücherschrank mit den Werken zahlreicher Pyramiden-Autoren. Berechnungen zu Höhe, Breite, Böschungswinkel, Volumen und Gewicht der Pyramiden, die Zahl Pi und manche Hypothese beflügelten damals meine Fantasie. Heute, nach fast vierzig Jahren »Pyramido-Mania«, lautet mein Fazit jedoch: Alles, was wir in Gizeh zu sehen bekommen, ist Täuschung und Verfälschung der ursprünglichen Verhältnisse.

Mullahs kontra Pharaonen?

Wer diese Aussage schockierend findet, mag einmal folgende Überlegungen anstellen: Die Menschen, die im heutigen Ägypten leben und sich als Ägypter fühlen, haben mit den altägyptischen Erbauern der Pyramiden nichts zu tun.

Sie begleiten uns, lassen uns auf ihren Kamelen reiten oder fahren uns in einer Kutsche die Anfahrt hinauf oder hinab, wenn wir nicht als Mitglieder einer Reisegruppe mit dem Bus zu den Aussichtspunkten chauffiert werden. Es sind Bürger des heutigen Ägypten, und sie fühlen sich als Nachkommen derjenigen, die diese beeindruckenden Monumente geschaffen haben. Aber das ist sicherlich ein Irrtum: Dem Ägypten der Pharaonen sind sie allein schon durch die gewaltige zeitliche Distanz von fünftausend Jahren oder mehr unerreichbar fern.

Um ein Gefühl für die zeitliche Distanz zu entwickeln, die sie und natürlich auch uns von den Ägyptern des so genannten Mittleren Reiches* trennt, machen Sie sich bitte einmal die Anzahl der Generationen bewusst, die seit damals gelebt haben und gestorben sind. Wir können ja schon nach hundert Jahren kaum mehr nachvollziehen, wie unsere Großeltern dachten und empfanden. Wie schwer, ja nahezu aussichtslos muss das erst angesichts von mehr als hundertfünfzig Generationen sein, die uns und die heutigen Ägypter von den Erbauern der Pyramiden trennen – und das sogar, wenn wir die Entstehung der angeblichen Grabmäler nur auf zirka 2600 v. u. Z. datieren.

Al-Makrizi über Rätsel des Ursprungs

Der Lehrer Ibrahim b. Wasif Sah al-Katib sagt da, wo er von Saurid erzählt, dem Sohne des Sahluk, des Sohnes des Sirbak, des Sohnes des Tumidun, des Sohnes des Tadrasan, des Sohnes des Husal, einem der Könige Ägyptens vor der Sintflut, die ihren Sitz in der Stadt Amsus hatten: Er war der Erbauer der beiden großen Pyrami-

---

* Einen Abriss der altägyptischen Geschichte finden Sie im Anhang, S. 236 ff.

den bei Misr, die man dem Saddad b. Ad zuschreibt. Die
Kopten bestreiten aber im Hinblick auf die Macht ihrer
Zauberei, dass die Aditen in ihr Land eingedrungen
seien.

In einem anderen Bericht erzählt der Kadi Abu Abdal-
lah Muhammad b. Salama al Kudai: »Mir erzählte ein
Mann, der zu der nicht-arabischen Bevölkerung Ägyptens gehörte – er stammte aus einer Stadt des Landes,
die man Kift nennt – und ein Kenner der Verhältnisse
und Zustände Ägyptens war und eifrig nach den alten
Büchern und Schatzquellen dort forschte: Wir fanden
in unsern alten Büchern Folgendes: Was die Pyramiden
betrifft, so gruben Leute ein Grab im Kloster von Abu
Hirmis und fanden darin einen Toten in Leichen-
tüchern eingehüllt. Auf seiner Brust lag eine Papyrus-
rolle, die in ein Stück Zeug gewickelt war; als sie die aus
dem Stück Zeug herausnahmen, erblickten sie eine
ihnen unbekannte Schrift. Die Schrift war im ältesten
Koptisch abgefasst. Als sie nun einen suchten, der sie
ihnen lesen könnte, denn sie vermochten nicht mit ihr
fertig zu werden, sagte man ihnen: »Bei dem Kloster
al-Kalamun im Faiyum lebt ein Mönch, der wird sie
lesen können.« Da gingen sie hinaus zu ihm in der Meinung, er werde doch nicht dazu imstande sein, doch er
las sie ihnen und es stand darin:
Diese Schrift wurde im ersten Jahre der Regierung Kaiser Diokletians geschrieben. Wir haben sie von einer
Schrift abschreiben lassen, die im ersten Jahre der Regierung des Kaisers Philippus abgeschrieben wurde,
und Philippus hat sie von einem goldenen Blatte abschreiben lassen, in dessen Schrift jeder Buchstabe einzeln für sich stand [Hieroglyphe]. Es war urälteste
Schrift. Sie wurde ihm gedeutet von zwei koptischen
Brüdern, von denen der eine Ilu, der andere Barta hieß.

Als Kaiser Philippus sie fragte, woher sie denn etwas allgemein Unbekanntes, wie die Lesung dieser Schrift, verständen, erzählten sie, sie stammten von einem Manne ab, der zu den ältesten Bewohnern Ägyptens gehört habe. Keiner außer ihm von den Ägyptern entging der Sintflut, und er nur deshalb, weil er sich zu Noah – über ihm sei Heil! – begab und auf ihn vertraute, während sich sonst keiner seiner Landsleute zu ihm begab. Noah nahm ihn in der Arche mit; und als das Wasser der Sintflut sich verlaufen hatte, begab er sich in Begleitung mehrerer Söhne Hams, des Sohnes Noahs, nach Ägypten und dort lebte er bis zu seinem Tode. Seine Kinder aber erbten die Kenntnis der ältesten Schrift der Ägypter, und wir haben sie in ununterbrochener Folge von ihm ererbt. Ihr Alter betrug, da Philippus sie abschreiben ließ, 1372 Jahre. Derjenige, der sie auf das goldene Blatt abschrieb, hatte nach dem, was Philippus fand, die Schrift dort in lauter einzeln stehende Buchstaben zerteilt.[3]

Wie viele von den freundlichen Menschen, auf die wir in Ägypten treffen, sind wirklich Nachkommen der Altägypter, deren Bauwerke wir bestaunen? Ich glaube, dass ich auf meinen vielen Reisen dorthin keinem einzigen solchen Nachkommen begegnet bin. Die Kopten werden mir heftig widersprechen, aber ich bin überzeugt, dass auch sie keine echten Nachfahren mehr sind, so wenig wie die Massen, die heute ihrem Pass nach zweifellos Ägypter heißen. Keiner von ihnen hat das Geringste mit dem zu tun, was mit den Baumeistern des alten Ägypten in Verbindung gebracht werden könnte. Das zeigt bereits die Gewohnheit vieler

---

[3] Graefe, a.a.O.

heutiger Ägypter, nicht nur der staatlich lizenzierten Fremdenführer, ptolemäische Bauten als »ägyptisch« zu bezeichnen. Dabei lässt sich die Zeit der griechischen Herrscher in Ägypten schwerlich als Kernstück der altägyptischen Kultur ansehen. Aber das heutige islamische Ägypten hat offensichtlich Probleme mit dem alten Ägypten der Pharaonenzeit.

Für einen westlichen Ägypten-Fan sind die Ansichten der fundamentalistischen Fanatiker beängstigend, die die Rudimente des alten Ägypten im Namen Allahs am liebsten in die Luft sprengen würden, wie es fanatische Islamisten in Afghanistan mit Buddhastatuen getan haben. Nur der Touristenstrom, von dem viele ägyptische Familien direkt oder indirekt profitieren, verhindert solche Greueltaten.

So dauert die heikle Koexistenz von pharaonischer Geschichte und islamischer Gegenwart in Ägypten an, basierend auf der Formel: Die alten Ägypter waren Götzendiener, die an den Teufel glaubten. Also ist es Allahs Wille, dass wir ihre Gräber plündern, Ungläubige (Touristen) wie Vieh durch ihre Ruhestätten treiben und damit Geld verdienen.

Es täte mir Leid, wenn jemand hieraus den Schluss ziehen sollte, ich wäre ein Gegner des heutigen Ägypten. Das trifft nicht zu. Ich bin ganz im Gegenteil der Meinung, dass jeder, der die Möglichkeit dazu hat, unbedingt eine Reise nach Ägypten unternehmen sollte. Wer jedoch mehr mit dem alten Ägypten verbindet als den flüchtigen Reiz eines Urlaubs im Schatten der Pyramiden, der ärgert sich zwangsläufig immer wieder über die Beschränkungen, die dem interessierten Reisenden im heutigen Ägypten auferlegt werden.

Die archäologischen und ägyptologischen Institute aus aller Herren Länder, die allesamt in Kairo Niederlassungen unterhalten, passen sich seit über zweihundert Jahren, ähnlich wie diplomatische Vertretungen, den ständig wechselnden Situationen vor Ort an, um überhaupt arbeiten zu dürfen. Es gibt, so hat man mir mehrfach zugeraunt, eine

Verabredung bezüglich der Themenschwerpunkte, eine Arbeitsteilung bezüglich der Grabungen und des Erhalts der Altertümer, und es gibt, wie könnte es im Orient anders sein, eine Grauzone. Wer außerhalb dieser Absprache trotzdem agieren will, kann es versuchen. Aber nur wenn er die nötigen Papiere erhält, mit vielen, vielen Stempeln und Handvermerken, gelangt er endlich an das Ziel seiner Wünsche – einschließlich der obligatorischen Eskorte vor und hinter seinem Fahrzeug.

Wie man im Orient zu diesen Stempeln kommt, kann sich jeder ausmalen. So bin auch ich schließlich an Orte vorgedrungen, zu denen Touristen der Zugang üblicherweise verwehrt ist. Eine Einschränkung aber bleibt bestehen: Die Ergebnisse solcher Recherchen dürfen nicht veröffentlicht werden. Und genau das ist auch mein Problem.

Napoleon und die verschwundenen Papyri

Erlauben Sie mir noch ein Wort zum Hintersinn der Aufgabe einiger archäologischer Institute: Besonders – aber keineswegs nur – unter amerikanischem und britischem Einfluss tendiert man dazu, alle Belege und Beweise unauffindbar einzulagern, die biblische Überlieferungen in Frage stellen könnten. Hingegen werden solche Dokumente, etwa Papyri, aufgewertet, aus denen sich ableiten lässt, dass die Bibel doch Recht hat. Schon seit zwei Jahrhunderten werden solche Manipulationen planmäßig und auf lange Sicht vorgenommen.

Ich kann jeden verstehen, der jetzt ungläubig den Kopf schüttelt. Dieser Verdacht erschien ursprünglich auch mir so abenteuerlich, dass ich ihn zwei Jahrzehnte lang von mir wies, bis mir ein pensionierter hochrangiger britischer Offizier ganz konkrete Namen, Handlungen und Vorfälle aus dieser Szene nannte.

Eine Reihe militärischer Aktionen im Nahen Osten – auf beiden Seiten übrigens – wurden von Generälen befehligt, die von Haus aus Archäologen waren. Als biederer Zeitgenosse kommt man gar nicht so leicht auf den verborgenen Grund: Es durften – trotz aller Feindschaft – keine Spuren, Beweise und Funde, die alttestamentarischen Patriarchen betreffend, versehentlich oder gar absichtlich zerstört werden! Den Abkömmlingen sowohl des Erst- als auch des Zweitgeborenen Abrahams ist es durch Gebot untersagt, etwas von der Hinterlassenschaft der Vorvorderen zu verändern oder zu zerstören.

Dies könnte ein Grund für die Auseinandersetzung der Franzosen und Briten vor zweihundert Jahren im Zusammenhang mit dem Ägyptenfeldzug gewesen sein. Die Geschichte sei hier kurz in Erinnerung gebracht, wobei ich nur die für uns relevanten Aspekte anführe: Nachdem das französische Volk die Monarchie abgeschafft und die Trennung von Staat und Kirche in seiner republikanischen Verfassung festgeschrieben hatte, beschloss das Parlament Ende des 18. Jahrhunderts, eine Expedition zur »Wiege der Menschheit«, nach Ägypten, auszurüsten und loszuschicken, damit die verbliebenen Zeugnisse und Ruinen von Akademikern katalogisiert werden konnten. Dieser Plan missfiel einem bedeutenden britischen Herrenclub, der in der Regel die Premierminister stellt, denn durch die strikte Trennung von Kirche und Staat in Frankreich bestand die Gefahr, dass Dokumente ans Licht kämen, die nicht zu einem auf die Bibel gestützten christlichen Weltbild passen könnten.

Die meisten Historiker sehen das sicherlich anders. Ihrer Ansicht nach waren militärische und wirtschaftliche Überlegungen für das Eingreifen der Briten ausschlaggebend. Tatsache ist jedenfalls, dass die Franzosen unter Napoleons Führung in Ägypten landeten. Sie mussten Waffengewalt einsetzen, damit die rund vierhundert Wissenschaftler, Künstler und Helfer im Tross der Expedition ihre Arbeit aufnehmen konnten. Die Briten schickten ihrerseits eine Truppe per Schiff los und besiegten die Franzosen.

Nun wird es aber für uns interessant, denn zunächst könnte man ja erwarten, dass die Briten zwar am Land Ägypten interessiert waren, die Franzosen aber abziehen ließen oder gefangennahmen. Doch nein, die Briten verlangten nach ihrem Sieg die Herausgabe aller Dokumente der französischen Wissenschaftler! Zähe Verhandlungen folgten. Schließlich einigte man sich für das Protokoll: Statuen, verschiffbare Monumente und Ähnliches ging an London. Schriftliche Aufzeichnungen – Skizzen, Vermessungsprotokolle etc. – erhielten nach offizieller Lesart die Franzosen. Unter der Hand bekamen die Briten jedoch auch zahlreiche Papyrusdokumente, die – so zumindest meine Informationen aus Insiderkreisen in Kairo – seither verschwunden sind.

Deshalb muss man sich heute ernsthaft mit der Frage beschäftigen, ob es den Briten in erster Linie um die Bereinigung der wissenschaftlichen Ausbeute der französischen Expedition ging, da die Gefahr bestand, dass die nicht mehr klerikal gebundenen Franzosen in Ägypten auf eine andere als die alttestamentarische Sichtweise gestoßen waren. Weder der christliche noch der jüdische Kultus können an einer anderen »Wahrheit« als der seit mehr als viertausend Jahren propagierten interessiert sein.

Ein weiteres Beispiel mag das belegen: In den Neunzigerjahren des vergangenen Jahrhunderts zeigte mir ein Brite Dokumente und Fotos, aus denen hervorging, dass Howard Carter, der berühmte Entdecker des Grabs von Tutanchamun, bereits einige Zeit vor der offiziellen Entdeckung (1922) im Beisein seines Geldgebers das Grab des in jungen Jahren ermordeten Pharaos geöffnet hatte. Die bei der offiziellen Graböffnung vorgefundene Unordnung im Vorraum soll darauf zurückzuführen sein.

Worauf wollte der Brite mit seinem Bericht hinaus? Nun, unter dem Lendenschurz der beiden hölzernen Wächterfiguren, deren Fotos um die Welt gegangen sind, befand sich ursprünglich je ein Papyrusdokument. Diese Papyri wurden zusammen mit einer Reihe von Gegenständen bei der ersten Öffnung der Grabanlage des Tutanchamun entnommen und nach London gebracht, wo man die Schriftrollen entzifferte und übersetzte. Danach verschwanden die beiden Schriftstücke, Originale aus der Zeit des Pharaos Echnaton (des Großvaters von Tutanchamun), in London spurlos. Niemand fragte danach, denn niemand wusste davon. Sie waren ja bei der offiziellen Öffnung einige Monate später schon nicht mehr vorhanden gewesen.

Abbildung 8: Einer der beiden Wächter aus dem Grab des Tutanchamun, unter deren Schurz die Papyri gefunden wurden.

Was könnten die Hintergründe dieser merkwürdigen Handlungsweise sein? Tatsächlich wollten die Briten seinerzeit wohl sicherstellen, dass es bei der offiziellen Öffnung des Grabes von Tutanchamun keine Überraschungen gab. Sie wussten, dass in Ägypten genügend Dokumente vorhanden sind, die geeignet wären, wesentliche Angaben im Alten Testament zu korrigieren. Gerade bei einem unversehrten Grab des Schwiegersohns von Echnaton (manche vermuten sogar, er sei der Sohn oder Enkel gewesen) mussten sie damit rechnen, dass man Dokumente finden könnte, die eines der christlichen oder jüdischen Dogmen in Frage stellen würden.

Diese Papyri sind seither also unauffindbar. Laut meinem britischen Besucher ließ man sie ihres brisanten Inhalts wegen verschwinden. Doch ironischerweise gab es damals eine Panne: Man hatte versäumt, auch die Abschriften, Merkzettel und Übersetzungsskripte aus dem Institut zu entfernen, das mit der Arbeit betraut worden war. So ist zumindest in Insiderkreisen bruchstückhaft bekannt geworden, was in diesen Dokumenten verzeichnet war.

Bei der Entzifferung der Hieroglyphen war man auf einen Abschnitt gestoßen, in dem die Priester die Ahnenreihe des Schwiegersohns von Echnaton beschreiben. Der Text passte nicht in die bisherigen Überlieferungen: Laut diesem Papyrus sind Moses und Echnaton ein und dieselbe Person! Tutanchamun war also niemand anderes als der Schwiegersohn von Moses. Anfang des 20. Jahrhunderts begannen Insider ernsthaft nach Belegen für diese Überlieferung zu suchen. Schon reine Logik spricht für die Annahme, dass im unversehrten Grab des Schwiegersohns tatsächlich Informationen überliefert waren, die seine Familiengeschichte betrafen.

Wie aus den verschwundenen Papyri des Weiteren hervorging, sollen die Israeliten seinerzeit zwar in Ägypten geblieben sein, jedoch das Niltal verlassen haben. Das wiederum würde sich mit koptischen Überlieferungen decken.

Damals waren solche Dokumente nicht weniger brisant als heute, zumal sie aus einem ungeöffneten Grab stammten, also nicht gefälscht sein konnten.

Der besagte Brite hatte mich damals übrigens im Zusammenhang mit einer geplanten Fernsehdokumentation über den Fall Carter besucht, bei der ich die deutsche Version bearbeiten sollte. Zu dieser Produktion ist es dann nicht gekommen – möglicherweise, weil gewisse noch immer einflussreiche Clubs in London die Angelegenheit unter der Hand geregelt haben.

Sie werden sich fragen, wie wahrscheinlich es ist, dass die in Insiderkreisen kursierenden Behauptungen zum Inhalt der verschwundenen Papyri stimmen. Nun, meiner Ansicht nach sind diese Hinweise durchaus glaubwürdig. Aus anderen Quellen war mir damals, als mich der britische Gewährsmann aufsuchte, schon bekannt, dass man im 19. und Anfang des 20. Jahrhunderts in bis dahin unversehrten Gräbern mehrfach Schriftstücke gefunden hatte, die von ausgehöhlten Statuen »gehütet« worden waren. Howard Carter musste von dieser Praxis der altägyptischen Grableger gewusst haben, insofern war für mich die Information aus London auch in diesem Punkt glaubhaft.

Von den Hütern der Geheimnisse

Neben der britischen und amerikanischen Interessenvertretung findet man in Kairo die französisch orientierten Institute und Archäologen. Sie sind liberaler, da nur der Wissenschaft, nicht aber Staat und Religion verpflichtet. Ihre Position ist jedoch seit dem Scheitern der französischen Ägyptenexpedition Ende des 18. Jahrhunderts sehr schwach. Auch mangels finanzieller Möglichkeiten spielen die Franzosen zur Zeit keine große Rolle vor Ort.

Erfreulich ist der wachsende asiatische Einfluss in diesen

Kreisen. Seit zwanzig Jahren kommen Mitarbeiter fernöstlicher Institute, die meist von großen Industriefirmen in Japan finanziert werden, mit konkreten Projekten nach Ägypten. Durch den Einsatz von viel und moderner Technik und aufgrund ihrer Tradition, den Ahnen Verehrung entgegenzubringen, gehen sie objektiv und behutsam mit der Überlieferung um. Von ihnen wäre zu erwarten, dass sie von ihren Funden auch berichten, und zwar ohne absichtliche Verfälschung.

Trotzdem ist auch von ihren Entdeckungen so gut wie nichts zu erfahren. Die Grund dafür ist sehr einfach: Jede Veröffentlichung ist auf die Zustimmung der ägyptischen Stellen angewiesen. Die Verantwortlichen im heutigen Ägypten aber müssen auf die Mächtigen im Lande Rücksicht nehmen. Sie gehen auch aus wirtschaftlichen Gründen äußerst sparsam mit den Informationen um. So können sie immer dann, wenn der Touristenstrom zu versiegen droht, den Fund eines weiteren Grabes oder eine weitere bedeutsame Entdeckung bekanntgeben.

Warum berichte ich Ihnen von solchen Geschichten? Ganz einfach: um festgelegte Meinungen zu erschüttern, die uns hindern, die wahre Bedeutung der Pyramiden zu erkennen:

- Pyramiden müssen im heutigen Ägypten aus religionspolitischen Gründen Grabmäler sein.
- Pharaonen und deren Kulte haben primitivste Teufelspriester und Götzendienst zu sein.
- Tempel sind folglich Kultorte des Teufels und Horte des Bösen.

Ein Gutes hat das alles immerhin: Diese Legenden sind auch ein Schutz für die Überreste aus großer Zeit, denn für Muslime ist die Zerstörung eines Grabes grundsätzlich problematisch.

Al-Makrizi über Pyramiden und Sintflut

Einige berichten, sie seien Gräber, doch sind sie nichts Derartiges; vielmehr sah sich ihr Erbauer nur deshalb dazu veranlasst, sie zu errichten, weil er voraussah, dass durch die Sintflut alles auf Erden vernichtet werden würde, was nicht Schutz in solchen Bauwerken fände; und er barg seine Schätze und seinen Besitz in ihnen. Dann brach die Sintflut herein, und als sie sich verlaufen hatte, kam der Inhalt der Pyramiden an Bisir oder Bansar, den Sohn Misrajims, des Sohnes Hams, des Sohnes Noahs.[4]

Dienten die Pyramiden einst als Gräber?

Hauptsächlich zweierlei ist es also, das den Blick für die Vergangenheit Ägyptens trübt: religionspolitische Rücksichten im heutigen Ägypten und die Distanz von hundertfünfzig und mehr Generationen, die uns von den Planern und Baumeistern der Pyramiden trennt. Wahrscheinlich ist diese Behauptung (und die sich daraus ergebenden Konsequenzen) für Sie befremdlicher als der Gedanke, dass die Pyramiden Grabmäler größenwahnsinniger Pharaonen sein sollen. Mir war diese Erklärung anfangs jedenfalls sehr plausibel. Heute bin ich, bedingt durch das mir bekannt gewordene Material, anderer Ansicht. Heute würde ich Sie fragen, ob Sie sich unter 2,5 Millionen Tonnen Gestein, ohne eindeutigen Ausgang nach draußen, begraben lassen würden? Für mich wäre diese Vorstellung ein Albtraum, gerade wenn man bedenkt, dass die alten Ägypter doch an eine Wiedererweckung im Grab-

---

[4] Graefe, a. a. O.

mal glaubten. Schon allein deshalb muss man es verneinen, dass die Pyramiden als Gräber konzipiert worden sind.

Da wären doch prächtige Grabanlagen, ausgeschmückt und mit allem versehen, was der Wiedererweckte so zum Leben benötigt, sinnvoller und mir persönlich sympathischer. Diese Idee ist denn auch im Tal der Könige in den dortigen Gräbern verwirklicht.

Manches spricht für die von Insidern in Kairo geäußerte Vermutung, dass die authentischen Gräber der Pharaonen Chephren und Cheops auf dem heutigen 27. Breitengrad liegen, im Bergland einer ehemaligen Provinz Ägyptens, also in einer Landschaft ähnlich dem Tal der Könige beim heutigen Luxor. Es könnte sich auch die Hypothese als richtig herausstellen, dass das Tal der Könige nur ein Ersatzbegräbnisplatz für eine verlorengegangene andere Nekropole war, in der sich die Geistesgrößen des alten Ägypten beisetzen ließen, um einander auch im Tod nahe zu sein.

Die Annahme, dass 2,5 Millionen Tonnen Gestein gebrochen, mühselig herbeigeschafft und unter Peitschenhieben bis auf 145 Meter Höhe hinaufgehievt wurden, um einem einzigen Menschen Sicherheit nach dem Tode zu geben, ist leichter zu erschüttern, als mancher glaubt. Aber es ist zur Zeit besser, offiziell nicht ohne zwingende Notwendigkeit an diesem Dogma zu rütteln. Eine Ruhestätte durch einen Monumentalbau zu schützen ist weltweit noch keinem Herrscher gelungen. Früher oder später waren sie doch da, die Grabräuber oder wissbegierigen Ausgräber.

Gute Ideen, wie man Gräber wirklich sicher anlegen musste, um sie vor dem Zugriff der Nachfahren zu schützen, sind uns von den chinesischen Herrschern bekannt. Das Rezept heißt List: Man bereitete gleichzeitig eine Vielzahl von Grabanlagen vor. Der Ort, welcher schließlich als letzte Ruhestätte des Herrschers ausgewählt wurde, sollte für alle Zeiten unbekannt bleiben. Von dem Begräbnis eines Herrschers ist überliefert, dass sich aus dem Palast viele Trauerzüge gleichzeitig nach allen Himmelsrichtungen in

Bewegung setzten und durch die Tore der Residenz davonzogen. Nur ganz wenige Eingeweihte wussten, in welchem der prächtigen Särge der Dahingeschiedene wirklich lag. Generationen später war auch das letzte Wissen um dieses Geheimnis verblasst.

Ausstattung der Gräber im Tal der Könige
Bei der Diskussion um die ursprüngliche Funktion der Pyramiden sollte der Nutzen für den Erbauer stärker berücksichtigt werden. Die ägyptischen Grabanlagen dienten zum einen dem Zweck, den Leichnam samt Beigaben sicher aufzubewahren, zum anderen waren sie mit allem ausgestattet, was der Wiedererweckte in den ersten Tagen des neuen Lebens brauchte. Alle ägyptischen Grabanlagen, in denen nachweislich Bestattungen vorgenommen worden sind, wie zum Beispiel im Tal der Könige, verfügten daher auch über – vom Sarkophag aus gesehen – breite, prächtige »Ausgänge«.

Sollten Sie irgendwann nach der Lektüre dieses Buchs wieder einmal (oder zum ersten Mal) ins Tal der Könige kommen, dann versuchen Sie das Grab eines Pharaos so zu erfahren, wie es für ihn bestimmt war und wie er es erlebt hätte, wenn er zu neuem Leben erwacht wäre. Wir Besucher durchschreiten die Grabanlage im Tal der Könige nämlich genau entgegengesetzt: Der Reiseleiter führt uns vom Eingang bis zum Sarkophag, während derjenige, dessen Leichnam hier abgelegt wurde, uns nach erfolgter Erweckung auf diesem Weg entgegenkäme.

**Die Pyramiden – unwürdige Grabanlagen
für Pharaonen?**
Die Grabanlage im Tal der Könige ist so gebaut, dass der Pharao in seiner ursprünglichen Pracht in die Welt der Sonne zurückkehren kann. Dagegen verfügen die großen Pyramiden von Gizeh nur über sehr enge und niedrige Schächte, in denen man zum Teil auf Knien, auf jeden Fall nur gebückt wie ein Bettler den Ausgang erreichen kann.

Ein würdevolles Heraustreten zum Beispiel aus der Cheopspyramide wäre dem wieder zum Leben erwachten Pharao
und Hohenpriester Cheops nie und nimmer möglich gewesen. Ist dieser Gesichtspunkt bei der Festlegung, dass es sich
bei den Pyramiden von Gizeh um Grabmonumente handle,
etwa berücksichtigt worden? Nein.

Wer Millionen Tonnen Gestein bis auf hundertvierzig
Meter Höhe und mehr aufschichten lassen kann, müsste
aber eine würdevollere Lösung für seinen neuerlichen Auf-
tritt finden, der nach der Wiedererweckung im Licht der
Sonne stattfindet. Diese Fehldeutung der Pyramiden rührt
offensichtlich unter anderem daher, dass wir uns anmaßen,
Dinge der Vergangenheit aus der Sicht unserer Gegenwart
zu beurteilen.

Während heutige Christen an das Jüngste Gericht glauben, gab es im alten Ägypten zwei metaphysische Überzeugungen. Von Abkömmlingen der Götter, zu denen die
Pharaonen zählten, nahm man an, dass sie nach dem Tod
mitsamt ihrem alten Körper wiedererweckt würden. Auf
normale Sterbliche wartete nach dem Tod eine Wieder-
geburt ihrer Seele in einem neuen Körper, der durch den
Samen des Mannes gezeugt wurde. Die altägyptische Wissenschaft hatte die Spermien des Mannes durchaus bereits als Leben zeugenden Samen erkannt, wie *Abbildung 9*
zeigt.

Was aber konnten die alten Ägypter von den Spermien
des Mannes wissen? Diese sind mit bloßem Auge nicht zu
erkennen. So stellt sich uns die Frage, mit welchen Methoden die Priester im alten Ägypten den Samenfaden sichtbar
machen und den Zeugungsvorgang als solchen erkennen
konnten.

Die Kopie dieser geheimnisvollen Abbildungen verdanken wir der französischen Ägyptexpedition vor rund
zweihundert Jahren. Am unteren Bildrand erkennen wir
den Skarabäuskäfer als Symbol der Lebenszeugung. Eine
Linie führt von dort direkt in den Mund des Mannes. Was

auch immer da vom Skarabäus ausgeht, es gelangt über den Mund in den Körper des Mannes. Vom erigierten Penis führt eine Linie zum Körper eines kleinen Menschen, was wohl unschwer als Schaffung eines Kindes gedeutet werden kann.

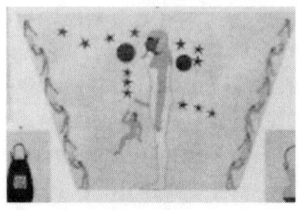 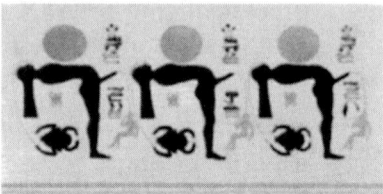

Abbildung 9: Antworten auf die Rätsel der Menschwerdung. Im *linken Bild* sieht man, dass die Schaffung von neuen Körpern aus einem System mit zwei Sonnen stammt. Der erigierte Penis zeigt auf den dritten Planeten. Ansonsten erklärt sich das Bild selbst: Sterne repräsentieren Planeten, Scheiben stehen für Sonnen. Hier wird also ein bestimmtes Sonnensystem definiert. Auf dem *rechten Bild* sieht man, dass die Peniszeugung auf drei Planetensystemen möglich ist, wobei die Zellteilung in unterschiedlicher Weise ausgelöst wird. Die Scheibe im rechten Bilddrittel dürfte unser Sonnensystem repräsentieren. Man erkennt den neuen Menschen und über ihm einen Samenfaden.

Aber diese Abbildung zeigt noch etwas anderes. Nur die dritte Variante im rechten Bilddrittel weist ein Spermium auf. Das bedeutet, dass es in der Schöpfung noch zwei weitere Möglichkeiten der Zeugung eines Körpers geben muss – im Körper einer Frau, wie hier korrekterweise hinzuzufügen ist. Die beiden anderen Versionen der Auslösung einer Schwangerschaft sind unserer heutigen Wissenschaft nicht bekannt.

Kehren wir zurück auf das Pyramidenfeld von Gizeh, von dem ich – wie schon viele andere vor mir – behaupte, dass dort keine Einzelgrabmäler für Pharaonen stehen. Welchem Zweck also dienten diese riesigen Bauwerke dann?

Einen Teil meiner Antwort kennen Sie schon: Man muss Gizeh im Zusammenhang mit dem Priesterzentrum von Heliopolis sehen. Dieses Zentrum gehörte zum ältesten Urhügel Ägyptens. Von dort aus wurde Gizeh verwaltet, und hier hat man später, als die Anlage als Ganzes zerstört worden war, die wichtigsten Teile und Informationen gerettet und – so stellt es sich mir heute dar – insgeheim weiter gehütet.

Wichtig ist außerdem: Gizeh war eine Anlage und keine Ansammlung von Einzelobjekten – mit welcher Absicht diese Anlage auch immer errichtet wurde.

3

DIE GÖTTLICHE
SEHKUNST

Warum vierseitige Pyramiden?

Eine Frage, die sich kaum jemand stellt, lautet: Warum haben die Ägypter ausgerechnet vierseitige Pyramiden gebaut? Auf den ersten Blick könnte man meinen, dass die Pharaonen nur vierseitige Pyramiden kannten. In Wahrheit gibt es in Ägypten aber auch dreiseitige, sechs- und achtseitige Pyramiden. Nur wurden diese Modelle niemals monumental in Stein verwirklicht. Weshalb nicht?

Aus dem Buch »Hinweis und Überblick«

Die beiden Pyramiden, die westlich von Fustat Misr liegen, gehören zu den Wunderbauten der Welt: Beide messen 400 Ellen (in die Länge und in die Breite, an der Basis, und ihre Höhe beträgt ebenso viel). In beide sind gegen die Winde gewaltige Steine eingebaut, jede ihrer Kanten stellt sich einem der Winde entgegen. Am mächtigsten wirkt auf beide der Südwind ein, das ist der Marisi. (Abu l-Hasan al-Masùdi)[5]

Meistens wird angeführt, dass für den Baumeister statische Probleme während des Aufbaus gegen die Konstruktion einer dreiseitigen Pyramide gesprochen hätten. Bei einer sechs- oder achtseitigen Pyramide zählt dieses Argument allerdings nicht. Erst als ich meinen Blick von den Pyramiden von Gizeh lösen konnte, erst nachdem es endlich möglich war, die Doppelpyramide – auch »Knickpyramiden von Dahschur-Süd« genannt – zu besuchen (sie lag in einem militärischen Sperrbezirk), und nachdem ich in Alexan-

---

[5] Graefe, a. a. O.

drien auf die achtseitigen, aus Glas gegossenen Pyramiden stieß, öffnete sich für mich die Welt der Pyramidenphilosophie.

On und Babylon

In der Denkweise der alten Ägypter, so sollten wir uns die beiden Extreme vorstellen, bildet eine dreiseitige Pyramide den Anfang einer Reihe, deren Ende von einer Pyramide mit unendlich vielen Kanten gebildet wird. Eine Pyramide mit unendlich vielen Kanten kommt aber einem Kegel nahe. Dies zu sehen bedeutet auch zu erkennen, dass zwischen den Kultbauwerken am Nil und denen im Zweistromland ein Zusammenhang besteht. Niemand ist bisher ernsthaft der Frage nachgegangen, ob man im Osten (Babylon) einst bewusst kegelförmige, also runde, und im Westen (am Nil) ebenso bewusst – vielleicht sogar mit Absprache – pyramidenförmige, also eckige Bauwerke errichtete. Vor allem aber: Was könnte der Sinn dieser »Aufgabenverteilung« sein? Waren die Völker beider Regionen miteinander verbündet?

Wir glauben die Entstehungsgeschichte der Türme von Babylon zu kennen, weil wir Berichten der Bibel Glauben schenken, doch was wir aus der Bibel kennen, sind eben nur die einseitigen Berichte eines Nomadenvolks. Über die Pyramiden ist in diesen Berichten überhaupt nichts zu lesen. Vom Zusammenspiel der Völker vor sechstausend Jahren und mehr wissen wir wenig oder gar nichts. Sensationelles dürfen wir erwarten, wenn eines Tages der Zusammenhang zwischen Babylon und Memphis bekannt wird, wenn Beweise vorliegen, dass beide Länder nur die Randprovinzen eines größeren Ganzen waren. Wo befand sich das Zentrum dieser Kultur, und was werden künftige Archäologen in diesem Zentrum finden? Je schneller wir alte Landkarten »richtig« zu sehen lernen, desto schneller werden wir die Antworten auf solche Fragen finden.

Es ist unbestritten, dass der Kegel als Monumentalbauwerk existiert hat – in Gestalt des Turms von Babylon. Sie bauten dort übrigens, wie man heute weiß, zwei Türme, so wie auch in Ägypten Pyramiden oder Obelisken paarweise errichtet wurden. Merkwürdigerweise behauptet heute niemand, dass der Turm von Babel als Grabmal für einen Herrscher gedient habe. Vielmehr wird von ihm berichtet, dass die Menschen sich eine »Leiter« in den Himmel gebaut hätten und dass im Turm ein Schlafzimmer eingerichtet worden sei, in dem sich eine menschliche Braut tagtäglich für den Beischlaf mit einem Gott bereithielt.

Ein Bauwerk zu errichten, um Gott näher zu sein, erscheint einleuchtend. Ebenso, ein Brautgemach bereitzuhalten, damit der (verkörperte) Gott die Freuden des Beischlafs genießen und die Menschen die Folgen dieses Beischlafs nutzen konnten.

Warum soll in Ägypten in den Pyramiden nicht auch derart Menschen- und Lebensfreudiges getrieben worden sein, warum sollte dort lediglich ein Todeskultus praktiziert worden sein? Das würde nur Sinn machen, wenn das Prinzip Kegel oder Turm (rund) nach Ansicht der Alten mit Zeugung, also dem Beginn des Lebens, und das Prinzip Pyramide (eckig) mit dem Tod zu tun gehabt hätte. Dafür aber gibt es keinerlei Anhaltspunkte. Und so spricht alles dafür, dass auch die alten Ägypter mit den Pyramiden »Häuser des Lebens« errichteten.

Warum also wurden die großen, in Stein verwirklichten Pyramiden allesamt mit vier Wänden konstruiert? Auch hierzu kennen Sie schon einen Teil meiner Antwort. Vieles spricht dafür, dass das kunstgerechte Stapeln von 2,5 Millionen Steinblöcken einzig dem Ziel diente, eine uns unbekannte Energie aus den vier Himmelsrichtungen anzuzapfen. Dann kam es also nur auf die vier Kanten der Pyramiden an, auf deren Länge und Ausrichtung. In dem Text der arabischen Handschrift ist dies im Verständnis der damaligen Zeit formuliert: »um dem Wind zu trotzen«.

Waren die Pyramiden denn von Orkanen gefährdet? Oder ist mit diesem »Wind«, als Metapher für Kraft, vielleicht das Magnetfeld der Erde gemeint?

Die göttliche Sehkunst

Lassen Sie mich kurz aufzeigen, wie sehr es nicht nur auf das Was, sondern auch auf das Wie des Sehens ankommt. Da wir von Kindesbeinen an gelernt haben, so zu sehen, wie wir heute sehen, haben wir uns auch niemals Gedanken darüber gemacht, dass Menschen anderer Kulturen – oder auch Intelligenzen von anderen Planeten – unter Umständen anders sehen als wir. Zugespitzt könnte man sagen: Die Götter sehen alles anders! Darum verstehen wir sie nicht.

Da die meisten von uns ernsthaft niemals darüber nachgedacht haben, stellt sich hier normalerweise auch kein Problem. Unbewusst gehen wir davon aus, dass ein Apfel eben ein Apfel ist und dass jeder, der zu sehen vermag, diesen Apfel genauso sieht wie wir. Was wäre aber, wenn Höhe und Breite keine wesentlichen Bestandteile der universellen Realität oder des Sehens wären? Möglicherweise ist die Ausdehnung innerhalb eines Raums einfach ein Zeichen der Vergänglichkeit. Und vieles spricht dafür, dass man sich vor langer Zeit auf der Erde Gedanken darüber gemacht hat, wie ein optimales Verhältnis zwischen Dauer und Vergänglichkeit beschaffen sein müsste.

Anscheinend hat man seinerzeit auch eine Antwort auf diese Frage gefunden. Jedenfalls finden sich an vielen Orten der Erde Indizien, die auf ein verändertes Verhältnis von äußerer und innerer Form deuten. Hierzu ein einfaches Beispiel: Alle in einem Apfel enthaltenen Informationen ließen sich auch anhand einer runden Scheibe darstellen. Höhe und Breite des ursprünglichen Apfels blieben hierbei enthalten, nur die Tiefendimension wäre entfallen. Das Objekt »Apfel« ließe sich natürlich noch weiter komprimieren, bis zur Ausdehnung eines Punkts, dem jedoch unsere menschlichen Gehirne keinerlei Informationen mehr entnehmen könnten.

Die Priester aller Kulturen verwendeten in alten Zeiten eine ähnliche Sehtechnik, um Kontakt mit Gott oder den Göttern aufzunehmen. Dank dieser Fertigkeiten konnten sie ihren Völkern verkünden, was diese zu tun hatten, um Gott gefällig zu sein. Die Ergebnisse dieser Technik »veränderten Sehens« haben viele Priesterschaften der Nachwelt überliefert. So konnte auch ich im Lauf der Jahre zahlreiche Bilder zusammentragen, deren »andere« Logik mich immer aufs Neue verblüfft. Das gilt nicht nur für Darstellungen in Ägypten oder Mesopotamien, sondern für alle Kontinente und Kulturen dieser Erde.

Viele der auf diesen Bildern dargestellten Motive beweisen, dass es die Technik des »Anderssehens« schon in grauer Vorzeit gegeben hat. Aber warum ist kaum noch etwas von diesen alten Fähigkeiten überliefert? Das dürfte wohl vor allem damit zusammenhängen, dass sich die äußeren Lebensumstände der folgenden Generationen so sehr verschlechterten, dass diese andere Sorgen hatten, als das »göttliche Sehen« zu üben und diese Fähigkeit an Priesterschüler weiterzugeben.

Noch vor etwa dreitausendfünfhundert Jahren benutzte man ein Hilfsmittel, ein kleines Gerät mit einem Spiegel, um diesen Verlust zu kompensieren. Die heutige Elektronik macht es möglich, ohne diese »Winkelmaschine« jene Bilder wieder sichtbar zu machen und in Bewegung zu versetzen. Erwarten Sie bitte nicht von mir, dass ich an dieser Stelle ausführlich die Facetten dieser Entdeckung beschreibe. Probieren Sie es einfach selbst aus.

Zur Verdeutlichung betrachten wir eine Pyramide nach der Art der alten Seher. Als Erstes legt man die äußeren Extreme des zu untersuchenden Phänomens fest: Eine Pyramide muss mindestens drei Seiten und – mit dem Boden – vier Flächen (»Tetraeder«) aufweisen, andernfalls würden wir das Gebilde als Fläche (einseitig) oder vielleicht als Dach (zweiseitig) bezeichnen. Das entgegengesetzte Extrem wäre eine Pyramide mit unendlich vielen Kanten. Dem Tetraeder steht also ein Kegel gegenüber, eine Pyramide mit unendlich vielen Seiten *(Abbildung 10)*.

Abbildung 10: Dreiseitige und n-seitige Pyramide oder Tetraeder und Kegel

Auffällig ist nun, dass in der alten Zeit Ägyptens Tetraeder weder gebaut noch bildlich dargestellt wurden. Warum? Die Antwort liegt auf der Hand: weil sie das Allerheiligste waren, und das unterlag einem Tabu. Mit Pyramiden dagegen, die mehr als die göttliche Mindestausdehnung aufwiesen, verhielt sich das anders – so etwa mit dem Oktaeder (»Achtflächner«). Tatsächlich kann man Cheops- und Chephrenpyramide als zwei Teile eines Oktaeders ansehen. Das gilt natürlich auch für die Mykerinospyramide – und damit stellt sich wieder die Frage, von der wir ausgegangen sind: Wo ist deren andere Hälfte geblieben, mit der sie ein zweites Oktaeder gebildet hat? – Wir werden darauf zurückkommen.

Wendet man nun auf die Pyramiden das Prinzip des räumlichen Verdichtens und Verdünnens an, wie ich es

oben anhand des Apfels und der Scheibe erläutert habe, wie
würde eine derart komprimierte Pyramide aussehen? Eine
mögliche Antwort finden Sie in den beiden folgenden Abbildungen: In *Abbildung 11* sehen wir die beiden großen Py-

Abbildung 11: Links die Chephren-, rechts die Cheopspyramide
vom Tal des Nils aus gesehen, davor die Sphinx.

Abbildung 12 (von oben nach unten gesehen): Das Auftauchen des
Urhügels. In der ägyptischen Schöpfungsgeschichte spielt die »Erhebung« eines Punktes zu einem Hügel oder Berg eine zentrale
Rolle. Stellt das Pyramidenfeld von Gizeh diese Schöpfungsgeschichte dar?

ramiden mit unseren menschlichen Augen, in der Serie der
Abbildung 12 dagegen möglicherweise mit den Augen der
»Götter«.

Die Schöpfungsgeschichte der alten Ägypter besagt, dass
der Urhügel aus dem Urwasser auftauchte – gerade so, wie
die Pyramiden von Gizeh in der Annäherung aus dem
Boden zu wachsen scheinen. Könnte es nicht sein, dass die
»Götter« – die Erbauer der alten Pyramiden – diese Geschichte in die Welt gesetzt haben, damit diejenigen, die
diesem alten Wissen auf die Spur kommen, eine erste Bestä-
tigung dafür erhalten, dass sie auf dem richtigen Weg sind?
   Es gibt aber noch ein anderes Bild, das uns von den Pyramiden zum Urhügel der alten Ägypter leitet. Dieses Bild entsteht, wenn wir die Höhe der Gizeh-Pyramiden vergrößern.
Aus der Cheops- und Chephrenpyramide entstehen auf
diese Weise zwei Spitzpyramiden (siehe *Abbildung 13*).

Abbildung 13: Cheops- und Chephrenpyramide als Spitzpyramiden.

Diese extrem in die Länge gezogenen Gebilde ähneln zum
einen verblüffend den Spitzpyramiden, wie sie etwa in Nubien zu finden sind (oder auch, erstaunlicherweise, auf der
Ein-Dollar-Note der Vereinigten Staaten von Amerika!).
Zum anderen erinnern sie eindeutig an Obelisken, die man
demnach als verschlankte Pyramiden bezeichnen könnte.
Wenn also vor dem Eingang des Tempels von Luxor zwei
Obelisken stehen, dann handelt es sich in Wahrheit um
zwei verdichtete Pyramiden. Auch auf dem Petersplatz in
Rom stünde demnach in Wirklichkeit eine klassische ägyp-
tische Pyramide, und die Weltstädte Paris, London und
Washington, D.C., weisen allesamt an prominenter Stelle
Obelisken auf.

4

DUALISMUS
UND
VOLLKOMMENHEIT

Gegensätze, die sich ergänzen

Auch die altägyptische Philosophie des Dualismus spricht für die Annahme, dass auf dem Pyramidenfeld von Gizeh einst zwei mal zwei Pyramiden gestanden haben müssen. Das Weltbild und das tägliche Leben waren in alter Zeit am Ideal der Vollkommenheit des einzelnen Dings und des größtmöglichen Ganzen ausgerichtet. Mann und Frau sah man als zwei Hälften an, die erst zusammen ein Ganzes ergaben. Die Frau wurde in Abbildungen hell-, der Mann dunkelhäutig dargestellt. Hell und Dunkel ergeben zusammen einen Tag. Nach diesem Muster wurde die gesamte Welt, im Kleinen wie im Großen, als durch zwei gegensätzliche Pole bestimmt gesehen. Und erst beide Extreme zusammen ergaben das Ganze, die von den Göttern vorgesehene Vollkommenheit.

Ähnlich setzte man den Sonnenaufgang mit der Geburt eines Menschen gleich und den Sonnenuntergang mit seinem Tod. Entsprechend ließen sich die Lebensgrundbedingungen und der Tageslauf eines Menschen immer weiter in zwei Pole zerlegen: heiß – kalt, trocken – nass, wachen – schlafen und so weiter.

Dieses Prinzip der Gegensätze konnte man ebenso aus der Natur herauslesen: Berg – Tal, steil – flach, hart – weich und so fort. Des Weiteren gliederte man die Natur in zwei mal zwei Grunderscheinungsformen auf, aus denen später die griechischen »Elemente« wurden: Feuer und Wasser, Luft und Erde.

Würde es nicht naheliegen, dass diesen vier »Elementen« auf dem Pyramidenplateau von Gizeh je eine Pyramide zugeordnet war? Spielen wir diese Möglichkeit einmal durch.

Eine Pyramide aus Luft?

Wasser: Die Cheopspyramide könnte dem Wasser geweiht gewesen sein. Für diese Vermutung spricht, dass das Bauwerk der Überlieferung nach in einem künstlichen See gestanden haben soll und dem damaligen Nilverlauf am nächsten stand.

Feuer: Die Chephrenpyramide würde demzufolge den Gegenpol des Elements Wasser, also das Feuer, die Sonne, symbolisieren. Die Cheops- und die Chephrenpyramide sind etwa gleich groß. Wenn zwei Pyramiden auf dem Plateau zusammengehören, dann sicherlich diese beiden.

Es verbleiben nun noch die beiden Elemente Erde und Luft, denen man eine Pyramide hätte errichten müssen. Auf dem Plateau gibt es allerdings heute nur noch eine dritte Pyramide zu sehen, die des Mykerinos, die auffällig »isoliert« neben den beiden großen Pyramiden steht. Das dürfte auch erklären, warum bisher nicht einmal versucht wurde, die Pyramiden den vier Elementen zuzuordnen: Ob nun die Mykerinospyramide das Element Erde oder das Element Luft repräsentiert, so oder so fehlt ihr Gegenpart, der dieses zweite polare Paar vervollständigen würde.

Solange man annimmt, dass die Erbauer der Pyramiden niemals eine vierte große Pyramide auf dem Feld von Gizeh errichten wollten, leuchten die Überlegungen, die in den letzten Jahren zur symbolischen Bedeutung dieser Anlage angestellt wurden, durchaus ein: Verschiedene Forscher haben, wie erwähnt, einen Zusammenhang zwischen dem Sternbild des Orion und den Pyramiden in Gizeh konstruiert und Schlussfolgerungen hinsichtlich des Baubeginns gezogen. Das waren bedenkenswerte Ansätze, die jedoch hinfällig würden, wenn sich herausstellen sollte, dass die Anlage ursprünglich vier große Pyramiden umfasste.

Zur Erhärtung der Theorie, dass die Pyramiden auf dem Plateau von Gizeh die vier Elemente repräsentieren, fehlt uns derzeit eine Pyramide. Um die Cheops- und die Mykerinospyramide stehen einige kleinere Pyramiden herum, aber sie kommen als Pendant zur Mykerinospyramide nicht in Betracht. Gehen wir jedoch als Gedankenspiel davon aus, dass eine vierte Pyramide existiert hat, dann stellt sich

die Frage, welches Element der Mykerinospyramide zuzuordnen ist. Nehmen wir einmal an, dass sie das Element
Erde repräsentierte:

Erde: Dem Element Erde wird unter anderem auch die Ei-
genschaft »fest« zugeschrieben. Einiges spricht dafür, dass
die Mykerinospyramide diesem Element geweiht gewesen
sein könnte. Im Zustand »fest« befindet sich, verglichen mit
den anderen Zustandsformen, ein geringerer Anteil der
Schöpfung. Dem könnte entsprechen, dass die Mykerinospyramide deutlich kleiner ist als die beiden anderen erhaltenen Gizeh-Pyramiden.

Luft: Die fehlende vierte Pyramide wäre dann dem Element Luft geweiht gewesen. Luft kann man nicht greifen
und nicht sehen. Ist es denkbar, dass die Pyramide niemals
in Stein ausgeführt wurde und trotzdem »vorhanden« war
als Bauwerk aus Luft, manifestiert nur in der Vorstellung der
altägyptischen Priesterschaft?

Die Wahrscheinlichkeit spricht dagegen, denn eine »Pyramide aus Luft« wäre in damaliger Zeit sicherlich so wenig
akzeptiert worden, wie wir heute an die reale Existenz von
»Luftschlössern« glauben mögen. Trotzdem sollte die Hypothese von der Existenz einer vierten Pyramide nicht in
Bausch und Bogen verworfen werden: Immerhin wurde
eine Begrenzung in Form einer Mauer ausgeführt, sodass
wir davon ausgehen können, dass für die alten Ägypter
genau dort, wo bei symmetrischer Anordnung eine vierte
Pyramide zu erwarten wäre, »etwas« gestanden hat.

Eine Pyramide aus Feuer?

Betrachten wir die Hypothese noch aus einem anderen
Blickwinkel. Die vier Elemente wurden als Bausteine des
Universums angesehen, wobei man das »feste« Element als
erstes, das flüchtigste als letztes in der Reihe setzte:

- Erde – fest
- Wasser – flüssig
- Luft – gasförmig
- Feuer – plasmaförmig

Feuer galt noch bei den Griechen, die uns diese altägyptischen Vorstellungen überliefert haben, als Besitz der Götter, denn aus Wasser, Erde und Luft entstand ihrer Anschauung nach das körperliche Leben. Griechische Priester und Gelehrte haben sich lange in On (Heliopolis) aufgehalten, ehe sie diese Ideen und Lehren nach Griechenland mitnahmen.

Wenn wir die Pyramiden von Gizeh entsprechend ihrer Anordnung von Nordost nach Südwest diesen Elementen zuordnen, ergibt sich Folgendes:

- Cheopspyramide – Erde
- Chephrenpyramide – Wasser
- Mykerinospyramide – Luft
- (fehlende Pyramide) – Feuer

Entscheidend in diesem Modell ist für uns die Zuordnung von Luft und Feuer zur Mykerinos- und zur fehlenden Pyramide. Damit nähern wir uns einer ersten Schlussfolgerung: Angenommen, die Mykerinospyramide wäre dem Urbaustein »Luft« gewidmet, dann hätte auf dem Platz der vierten Pyramide das Bauwerk des Feuers gestanden. Da Erde, Wasser und Luft als die »irdischen« Elemente galten, erscheint es plausibel, dass diejenige Pyramide, die das Element »Luft« repräsentiert, ebenso in Stein ausgeführt wurde wie die Bauwerke, die »Wasser« und »Erde« symbolisieren. Anders verhält es sich jedoch beim Element »Feuer«, das den Göttern zugeordnet war. Befand sich an der Position der vierten Pyramide also vielleicht ein riesiges pyramidenförmiges Feuer, das ständig brannte?

Auch diese Hypothese sollte gründlich durchdacht und nicht voreilig verworfen werden. Wer die Fähigkeit besaß,

Pyramiden zu bauen, hatte vielleicht auch die Möglichkeit, ein Pyramidenfeuer zu entfachen und zu unterhalten. Berichte über ein »göttliches Pyramidenfeuer« gibt es in altägyptischen Dokumenten zur Genüge. Nur: Aus welcher Energiequelle sich dieses göttliche Feuer nährte, ist dort nicht eindeutig vermerkt.

Von einem göttlichen Feuer berichtet auch die Bibel: im Zusammenhang mit Moses und einer größeren Gruppe Israeliten, die das alte Ägypten verlassen – »und eine Feuersäule geht vor ihnen her«. Später überführt König David ein Wanderheiligtum dieser Israeliten nach Jerusalem. Salomon schließlich schafft das geheimnisvolle Ding in das Allerheiligste seines Tempels. Seither gilt die Bundeslade oder Lade Gottes als verschollen. In den biblischen Berichten wird auch die Gestaltung des Platzes beschrieben, der als besonderer Aufbewahrungsort diente und als »Stiftshütte« bekannt ist.

Was hat man sich unter dieser Bundeslade vorzustellen? Könnte sich hinter der biblischen »Feuersäule«, die Moses aus Ägypten fortschaffen ließ, eine Feuerpyramide oder ein Pyramidenfeuer verborgen haben, wie es in Gizeh gestanden haben mag? War das, was als »Stiftshütte« bezeichnet wird, in Wahrheit vielleicht eine Pyramide? Stand in deren Innerem womöglich der Energiespender Gottes, der auch die von den alten Pharaonen genutzte Energie lieferte? Oder hatte das Bauwerk, das wir an der Stelle der vierten Pyramide von Gizeh vermuten, gar keine Pyramidenform, sondern sah kastenförmig aus, wie in der Bibel beschrieben?

Viele Indizien sprechen dafür, dass Moses bei der Flucht aus Ägypten nur Gegenstände mitnehmen konnte, die sich leicht bewegen ließen. Was also wäre in diesem Fall aus dem unbeweglichen Drumherum der »Feuersäule« geworden? Meine Antwort ahnen Sie jetzt vielleicht schon: Nach der Zerstörung der vierten Pyramide brachten die Priester von Heliopolis alles, was sie irgend zu retten vermochten, in Sicherheit und verwahrten es für die Nachwelt in der Hoff-

nung auf eine künftige Priestergeneration, die in der Lage
wäre, die fehlenden Teile wieder nachzubauen.

Die »vierte Pyramide« des Sultans Hassan

Im 14. Jahrhundert stieß der Mameluckensultan Hassan auf
Überreste der vierten Pyramide, konnte aber die Pläne und
Zeichnungen weder verstehen noch gar die fehlenden Teile
nachbauen. Interessanterweise erklärte Hassan, dass er die
vierte Pyramide Ägyptens bauen wolle, errichtete dann jedoch ein würfelförmiges Gebäude, ebendie nach ihm be-
nannte Moschee. War vielleicht alles, was zu Sultan Hassans
Zeiten von der vierten Pyramide noch übrig war, eine Halle,
um die herum einst eine Hohlpyramide errichtet worden

Abbildung 14: Die Sultan-Hassan-Moschee in Kairo mit Teilen der
Schätze aus der vierten Pyramide von Gizeh.

war? Hatte er in dieser Halle die Reste des verschollenen Wissens entdeckt und war sie das Vorbild für seine Moschee?

Die vorherrschenden geometrischen Formen der Sultan-Hassan-Moschee sind ein Würfel und eine Halbkugel (siehe *Abbildung 14*). Das Gebäude beherbergt weitaus mehr als seine offiziellen Bestandteile (Mausoleum, Bethaus und vier Koranschulen): Es enthält Teile der aus der vierten Pyramide von Gizeh geretteten Schätze. Strenggläubige Muslime hören das nicht gern, und in der Tat: Was bewog den muslimischen Sultan Hassan, den Hüter des Glaubens seiner Zeit, die Moschee mit den Pyramiden zu vergleichen – jenen Bauten, in denen nach offizieller Lesart Götzendiener bestattet worden waren? Hätte es der Sultan bei bloßen Worten belassen, so wären diese wohl längst im Papierkorb der Geschichte verschwunden. Doch er wählte einen anderen Weg.

Auf die Sultan-Hassan-Moschee gehe ich in Kapitel 10 noch ausführlich ein. An dieser Stelle nur so viel: Sultan Hassan hat meiner Überzeugung nach tatsächlich »seine« vierte Pyramide gebaut, und er hat sie bestmöglich geschützt, indem er sie in Form einer Moschee errichten ließ. Auf diese Weise hat er für die Nachwelt etwas gerettet, das andernfalls früher oder später zerstört worden wäre.

Was auch immer in Zukunft mit der Sultan-Hassan-Moschee in Kairo geschehen mag, die Absicht des Sultans hat sich längst erfüllt: Jeder Quadratzentimeter im Innern und Äußern des Bauwerks ist dokumentiert. Damit hat der kühne Sultan brisante Informationen vor den Stürmen der Zeiten gerettet.

Die »Zahnlücke« von Gizeh

In den vergangenen Jahrhunderten haben Archäologen und Privatgelehrte gelernt, die Hieroglyphen zu entziffern, Dynastien zu bestimmen und das Leben im alten Ägypten zu beschreiben. Sieht man genau hin, dann bemerkt man, dass alle Quellen, die ungefähr zwischen 1500 und 1600 v. u. Z. entstanden sind, doppelsinnig zu sein scheinen. Tatsächlich werden Texte, die vor dieser Epoche entstanden sind, in den Papyri jener Zeit erklärt oder geradezu »übersetzt«. Hierzu ein simples Beispiel: Eine Hieroglyphe, die vor 1450 v. u. Z. im alten Ägypten geschrieben wurde und die »Vogel mit breitem Schnabel« bedeutete, hätte nach jener Zäsur die Bedeutung »Ente«. Für alle folgenden Zeiten bedeutete das Zeichen also »Ente«, in den Zeiten davor aber könnte es etwa auch »Gans« bedeutet haben. Damit waren viele Missverständnisse vorprogrammiert, denn natürlich ging es bei diesen Festlegungen nicht nur um breitschnabelige Vögel, sondern um den gesamten Glyphenschatz der alten Ägypter.

Was immer auch vor dreitausendfünfhundert Jahren passiert sein mag, es hat uns wahrscheinlich von den Quellen abgeschnitten, die uns gezeigt hätten, dass die Ägypter davor auf andere Weise als wir Heutigen gesehen, gedacht und auch geglaubt haben.

Wie kann man sich diese Veränderung konkret vorstellen? Dass Menschen, die wie wir mit zwei Augen ausgestattet waren, dennoch anders als wir gesehen haben, lässt sich noch mit etwas gutem Willen nachvollziehen. Schon wenn unsere Augen nur ein klein wenig nach außen versetzt wären, könnten wir nicht mehr wie bislang nach vorne sehen, um die Tiefe des Raumes abzuschätzen. Bereits durch diese minimale anatomische Veränderung bekäme das Bild, das unser Gehirn zusammensetzt, ein anderes Aussehen: Es würde dreidimensional und in die Breite gezogen, sodass man Anfang und Ende eines Dings zugleich sehen könnte.

Vögel und Reptilien haben eine solche Augenstellung, die ihnen nicht erlaubt, räumlich nach vorn zu sehen. Die Hypothese, dass anatomisch unterschiedliches Sehen auch im übertragenen Sinn zu unterschiedlichen Sichtweisen führt, lässt sich sicherlich ohne große Mühe nachvollziehen. Vielleicht können wir aus solchen minimalen anatomischen Unterschieden eines Tages andere Denkweisen und andere Weltanschauungen genauestens ableiten und belegen. Und vielleicht hilft uns diese Überlegung sogar, die dualistische Sichtweise der alten Ägypter besser zu verstehen.

Missverstehen Sie mich nicht: Ich behaupte einstweilen nicht, die alten Ägypter hätten eine andere Anatomie gehabt als wir Menschen heute. Das Beispiel dient vorläufig nur der Veranschaulichung. Denn genausogut wie eine anatomisch bedingte andere Wahrnehmung der Welt eine andere Sichtweise auf die Welt begründet, kann umgekehrt auch ein anderes Verständnis von der Welt, eine andere Philosophie also, eine andere Wahrnehmung begründen. Wahrnehmung und daraus abgeleitetes Weltverständnis sind keine Einbahnstraße, es funktioniert auch andersherum: Wir sehen dann, was am besten zu unserem Weltbild passt, alles Übrige wird ausgeblendet.

Wie gesagt: Die Vereinigung der Extreme bedeutete für die ägyptische Kultur höchste Vollkommenheit. In gewisser Weise lassen sich aber Gegensatzpole (süß – sauer, fröhlich – traurig, gesund – krank und so weiter) auch als »Anfang und Ende« der betreffenden geistigen Gegenstände beschreiben. Kann man Anfang und Ende zusammensehen beziehungsweise gedanklich zusammenlegen, so hat man »das Ganze« vor sich. Genau darum geht es in der Denkweise und im Glauben der alten Ägypter.

Für uns Heutige ist das eine ungewohnte Welt, in die wir nach und nach zurückfinden und in der wir uns erst wieder zurechtfinden müssen. Eine Welt, in der das dualistische Denken so dominant und alles durchdringend war, dass Planer und Bauherren niemals auf die Idee gekommen wären, eine Einzelpyramide oder einen Einzelobelisken zu errichten. Konnte oder wollte man an einer Stelle nicht zwei gleich große Objekte erbauen, dann wurde zumindest ein kleineres Objekt mit gleichem Aussehen danebengestellt.

Am Beispiel der Knickpyramide von Dahschur lässt sich das gut zeigen. Die schönsten Fotos von dieser Pyramide kann man in Nord-Süd-Richtung machen, weil so der hässliche Steinhaufen einer zusammengebrochenen zweiten Pyramide nicht aufs Bild kommt. *Abbildung 15* zeigt diese zweite Pyramide und außerdem, wie nahe Pyramiden- und Obeliskenform miteinander verwandt sind: Bei keiner Pyramide Ägyptens ist nach der »Komprimierung« die Form des Obelisken und seiner Spitze so deutlich zu sehen wie bei der Knickpyramide von Dahschur.

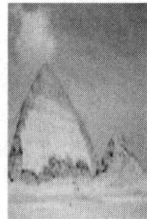

Abbildung 15: Die Knickpyramide von Dahschur im Original und in komprimierter Form *(rechts).*

Seitens der Ägyptologen gibt es eine gut fundierte Meinung über die Gründe, die zum Aussehen dieser Pyramide führten. Es wird für möglich gehalten, dass die instabile Außenverkleidung, die eine andere Pyramide gleichen Konstruktionsprinzips zum Zusammensturz brachte, die flachere Form der Spitze erzwungen hat. Somit erscheint es möglich, dass die zweite Pyramide, deren Überreste auf der Südseite der Knickpyramide aufgehäuft sind (siehe *Abbildung 15*), nicht aufgrund eines ursprünglichen Plans entstanden ist, sondern weil man das Baumaterial verarbeitete, das durch die flachere Spitze der Hauptpyramide übrig geblieben war. Diese Ansicht wäre aber nur dann plausibel, wenn nicht fast jedes andere Bauwerk der alten Ägypter unter dualistischen Gesichtspunkten errichtet worden wäre.

Der Dualismus der alten Ägypter führte nicht nur dazu, dass die großen Pyramiden – Cheops und Chephren – als

Paar auf dem Plateau errichtet wurden. Er bewirkte auch einen »inneren Ausgleich« zwischen diesen beiden Pyramiden: Die Chephrenpyramide steht etwas höher als die Cheopspyramide, dafür ist diese etwas größer. Beide sind durch eine gemeinsame Nordost-Südwest-Achse wie durch eine unsichtbare Klammer verbunden.

Fotografiert man die beiden großen Pyramiden von der Sphinx aus, so lenken einige kleinere Bauwerke von der Mykerinospyramide ab. Sie fällt aus dieser Perspektive nicht weiter auf. Ein ganz anderes Bild ergibt sich, wenn man in Gegenrichtung, also von West nach Ost, fotografiert: Links stehen nach wie vor majestätisch die beiden großen Pyramiden, ganz links die Cheops-, daneben die Chephrenpyramide, die von hier aus etwas größer wirkt. Rechts im Bild ist jedoch etwas im Ungleichgewicht, dort fehlt zur Harmonie des Bildes eine Pyramide, etwa in der Größe der Mykerinospyramide. Die drei kleinen Pyramiden, die sich dort befinden, erscheinen aus dieser Perspektive wie ein Zahnstumpf in der Landschaft. Möglicherweise wurden sie aus den Überresten der abgetragenen vierten Pyramide gebaut.

Abbildung 16 führt uns ein Ungleichgewicht vor Augen, das ganz und gar nicht dem im alten Ägypten herrschenden

Abbildung 16: Die »Zahnlücke« von Gizeh. *V. l. n. r.:* Cheops-, Chephren-, Mykerinospyramide.

Dualismus entspricht. Sie zeigt außerdem, dass der Bauplatz für eine vierte Pyramide durchaus vorhanden ist. So stellt sich uns nun aufs Neue die Frage, wo diese vierte Pyramide möglicherweise gestanden hat. Es gibt zwei plausible Standorte:

- rechts von der Mykerinospyramide (siehe *Abbildung 5*, S. 23): Diese Position der Pyramide würde die Harmonie zwar auf den ersten Blick wiederherstellen, nicht aber bei genauerem Hinsehen.
- links von der Mykerinospyramide (siehe *Abbildung 2*, S. 15): Hier würde die vierte Pyramide zwischen Chephren- und Mykerinospyramide stehen. Eine Position, die augenblicklich überzeugt. Das passt, möchte man spontan beim Anblick dieser Fotomontage sagen.

5

DURCH VERÄNDERTES SEHEN ZUR ERKENNTNIS DER WAHRHEIT

Wurden die Gizeh-Pyramiden von Menschen erschaffen?

Die Aufgabe unserer Augen besteht darin, dem Gehirn Informationen zu liefern, damit wir unseren Körper möglichst ohne Risiken durch den Raum bewegen können. Zwei Augen haben wir deshalb, damit unser Gehirn räumlich sehen kann. Das ist eine nützliche Einrichtung, denn sie ermöglicht uns, die Nähe einer Gefahr abzuschätzen, in die wir geraten könnten. Nützlich ist sie jedoch nur für »Luftbewohner«, die sich in einer Gasatmosphäre bewegen, die sie von Geburt an umgibt.

Das Sehwerkzeug eines Wasserbewohners, etwa eines Fisches, weist notwendigerweise andere Fähigkeiten auf, die den Fisch befähigen, im Medium Wasser zu überleben. Angenommen, dass intelligente Wesen in einer für uns Luftbewohner giftigen Ammoniakatmosphäre lebten, hätten diese zwangsläufig wiederum andere »Augen«, die ihnen die erforderlichen Informationen übermittelten. Auch wenn solche Wesen bislang nicht gefunden worden sind, dürfen wir keinesfalls davon ausgehen, dass Intelligenz an ein bestimmtes Gasgemisch aus Sauerstoff und Stickstoff gebunden ist, das wir Luft nennen. Wenn man bereit ist, dieses Dogma aufzugeben, öffnen sich möglicherweise neue Sichtweisen.

Sicherlich dürfen wir annehmen, dass auch die Erbauer der vierten Pyramide von Gizeh ihre Informationen für die Nachwelt so hinterlassen haben, wie sie selbst gewohnt waren, zu sehen und zu denken. Erstaunlicherweise spricht nun sehr vieles dafür, dass zum Beispiel ihre Sehfähigkeit tatsächlich anders ausgelegt war als bei den später lebenden Ägyptern und als bei uns heutigen Menschen. Auch wenn diese Behauptung kühn klingen mag: Ich bin mir sicher, dass sich bei der späteren Erforschung dieses Aspekts herausstellen wird, dass diese Intelligenzen nicht in unserem Gasgemisch lebten, atmeten – und dachten.

Abbildung 17: Bild eines »Anderssehenden«, möglicherweise eines Schöpfers der »Halle der Aufzeichnungen«. Man erkennt eine Art Anzug, einen durchsichtigen Helm und einen Bügel darüber.

Die *Abbildung 17,* die einen solchen »Anderssehenden« zeigt, stammt aus der Sultan-Hassan-Moschee. Sehr lange habe ich sie für die Darstellung eines Astronauten gehalten, aber nach und nach wurde mir klar, dass es sich um ein nichtmenschliches intelligentes Wesen handeln muss, das eine Vorrichtung braucht, um sich in unserer Luftwelt bewegen zu können, in einer künstlichen Glocke, die es mit der Flüssigkeit versorgt, in der es normalerweise existiert. Mit anderen Worten: Wir haben es hier mit einem »Anzug« im weitesten Sinne zu tun, der mit einer lebenserhaltenden Flüssigkeit gefüllt ist.

Was bedeutet das für uns? Die Erbauer der Pyramiden von Gizeh, die offensichtlich auf spezifisch andere Weise sahen und dachten als wir Heutigen – oder auch als die Ägypter des ersten Jahrtausends v. u. Z. –, gehörten möglicherweise nicht der menschlichen Gattung an.

Haben wir unter diesem Umständen überhaupt eine Chance, die Informationen, die sie uns hinterlassen haben, zu verstehen? Diese Frage ist eindeutig zu bejahen. Intelligenz kann in anderen Medien an Körper und Sinnesorgane gebunden sein, die sich von den unseren erheblich unterscheiden. Die Gedanken hingegen sind in ihrem sachlichen Kern notwendigerweise die gleichen, ob sie nun von Menschen oder von anderen Intelligenzen gedacht werden. Die Gesetze von Physik, Chemie und Mathematik gelten für alle Dinge im Universum. Der Schöpfer oder Konstrukteur des Ganzen hat sich daran gehalten und die Vielfalt durch Anpassung an diese Gesetzmäßigkeiten erreicht.

Außermenschliche intelligente Wesen in der Schöpfung müssen nicht in unserem Sinne biologisch sein. Sie könnten beispielsweise auch mineralische »Körper« haben, außerhalb deren alle chemischen Prozesse ablaufen, sodass diese Wesen nur das gewünschte Endprodukt in sich aufzunehmen bräuchten. Wie würde eine solche Intelligenz »sehen«? Wichtiger noch: Wie können wir uns das vorstellen, was dieses Wesen sieht?

Es scheint unmöglich, diese Fragen zu beantworten, solange man keine Vorstellung von der Anatomie und den Lebensumständen dieser Wesen hat. Aber selbst hierzu können wir einige plausible Gedanken entwickeln. Denn ich spreche hier *nicht* primär von der Möglichkeit, dass *Außerirdische* die Pyramiden von Gizeh erbaut haben könnten. Im Lauf der nächsten Jahrzehnte wird immer deutlicher werden, dass es auf dieser Erde, viele Jahrtausende vor uns, eine außermenschliche Hochkultur gegeben hat, entwickelt von intelligenten Wesen, die im Wasser lebten.

Halten wir fest, dass wir soeben versucht haben, gemeinsam unser Gehirn für einen bisher nicht gedachten Gedanken zu öffnen. Wenn wir verstehen wollen, wie diese anderen Wesen dachten und sahen, müssen wir versuchen, uns ihrer Sicht- und Denkweise anzupassen, und uns davor hüten, ihnen flugs unsere menschlichen Eigenheiten und Vorlieben überzustreifen.

Das Geheimnis des »Anderssehens«

Das Wissen um dieses »Anderssehen« gehört zu den am besten gehüteten Geheimnissen unserer Welt. Mir ist kein indischer Guru bekannt, ebensowenig ein jüdischer, christlicher oder islamischer Geistlicher, der bewusst dieses Geheimnis hütet. Die Letzten, die es kannten, wurden meiner Erkenntnis nach vor über zweitausend Jahren verfolgt und ausgerottet. Und übriggeblieben ist nur noch ein armseliger

Fisch, der gelegentlich als Symbol der Christen hochgehalten wird. Das Geheimnis dieses Fisches aber ist mit der Alexandrinischen Synagoge[6] untergegangen.

Sicher war dieses Geheimnis um das »Anderssehen« einer der Gründe für die barbarische Zerstörung der Bibliotheken in Alexandrien vor über zweitausend Jahren. Das Menetekel, das in Daniel 5,24f. beschrieben wird, deutet das Ergebnis an, nicht aber, wie es zustandegekommen ist. Dort heißt es lediglich:

> »*Darum ist von ihm gesandt diese Schrift, die da verzeichnet steht. Das ist aber die Schrift, allda verzeichnet: Mene, Mene, Tekel, U-pharsin.*«

Daniel deutete dem Chaldäer-König Belsazer diesen Text, und die Zuhörer gaben sich damit zufrieden. Weil unsere Vorvorderen nichts von der Technik verstanden, die man benötigte, um diese Schrift sichtbar zu machen, kümmerten sie sich auch nicht weiter darum.

Schon als kleiner Junge habe ich mir den Kopf darüber zerbrochen, wie denn so eine Schrift an einer Wand erscheinen konnte. Alles Mögliche überlegte ich mir damals: Hatten die eine Art primitiven Projektor – zum Beispiel ein Holzfeuer und davor ein Tuch mit aufgemalten Buchstaben – oder war es gar eine Art Blitzstrahl aus dem Himmel, der die folgenschweren Worte auf eine Wand brannte? Nein, so antworte ich heute, dahinter steckte nichts Geringeres als das Geheimnis des »Anderssehens«.

Mittlerweile weiß ich, was damals am Hofe Belsazers vorgegangen ist. Aus dem Turm der Wissenschaften Mesopota-

---

[6] Die Alexandrinische Synagoge ist hier im Sinne einer Mutterkirche gemeint, in der ein bestimmter Ritus gelehrt wird. Aus der Alexandrinischen Synagoge hat sich den Überlieferungen der Häretiker nach eine Gruppe abgespalten, die sich in der Jerusalemer Synagoge zusammenschloss. Aus der Jerusalemer Synagoge haben sich dann das Christentum und der Islam entwickelt.

miens (dem Gegenstück zur »Halle der Aufzeichnungen«) hatte man zwei Bilder zur Verfügung, von denen man wusste, wie damit umzugehen war. Man hatte sie übereinandergeschoben (ähnlich wie ich das in diesem Buch auch noch, allerdings mit anderen Platten, demonstrieren werde – siehe Kapitel 10), Tag für Tag ein kleines Stückchen weiter. Jedes Mal erschien dann eine neue Information, die konkrete Anweisungen oder Hinweise enthielt.

Die Verwalter der Religionen rund um das Mittelmeer hatten sehr gute Gründe, überlieferte »göttliche Schriften« zu vernichten, und ihre geistigen Führer hatten noch mehr gute Gründe, die Fähigkeit auszurotten, die man benötigte, um in »göttlichen Schriften« lesen zu können. Die Hintergründe kann ich an dieser Stelle nicht erörtern; sie würden uns weit in die Vergangenheit der Menschheit zurückführen, in eine Zeit, zu der wir jede Beziehung verloren haben. Es liegt jedoch auf der Hand, dass die Macht der Religionshüter wächst, wenn niemand mehr über die Fähigkeit verfügt, mit der göttlichen Instanz Verbindung aufzunehmen.

Eine der letzten Hochburgen, in denen die Fertigkeit, anders zu sehen und zu denken, noch geübt wurde, war Alexandrien. Sie wurde innerhalb von achthundert Jahren in mehreren Anläufen zerstört. Alles, was sich von der alten Überlieferung dann noch im Besitz von Privatleuten befand, wurde von Christen wie Juden als Teufelswerk verurteilt, und wenn die Besitzer dieser Überlieferungen dagegen aufzubegehren wagten, wurden sie als Teufelsanbeter oder Satansdiener gebrandmarkt. Seit etwa tausendvierhundert Jahren löckt niemand mehr öffentlich wider den Stachel.

Worum ging es bei diesem »göttlichen Sehen«? Die Antwort ist kurz, die Erklärung lang. Es ging um die Kunst des gespiegelten Doppeltsehens.

Wie hat man sich das für unser Auge vorzustellen?

Verwenden wir anstelle eines Bildes erst einmal eine Buchstabenkombination, um das Prinzip dieser Technik klarer zu machen. Was lesen Sie in der nachfolgenden Zeile?

A U G E E G U A

Unser westlich geschultes Auge liest von links nach rechts. Wir bemerken sofort, dass die ersten Buchstaben das Wort »AUGE« ergeben. Für den Rest der Buchstabenfolge – »EGUA« – kann unser Gehirn zunächst keine Bedeutung finden. Auf den zweiten Blick erkennt man dann allerdings, dass die zweite Hälfte der Buchstabenreihe das Wort »Auge« in Spiegelschrift darstellt.

Aber das war nur ein Beispiel zur Einstimmung. Hier geht es nicht um das geschriebene oder gesprochene Wort, sondern um das Sehen. Genauer gesagt: um das Sehen von Bildern.

Im Judentum nimmt der Schriftgelehrte seit Jahrtausenden einen hohen Rang ein. »Sichtgelehrte« dürfen jüdische Gläubige dagegen seit den Tagen Babylons nicht mehr sein. Denn wer diese Kunst wieder erlernt hat, erkennt sofort, dass die vorhandenen heiligen Texte vom Urtext erheblich abweichen.

Die geheime Sehtechnik funktionierte so, dass jedes Auge für sich seine eigene »Spur« in dem betrachteten Bild aufnimmt. Auf die untenstehenden Buchstabenreihen übertragen, würde das linke Auge die linke, das rechte Auge die rechte Spur lesen, bis beide Augen beim E angekommen wären:

A E
U G
G U
E A

Im Modell erscheint dies sehr einfach. Das linke Auge liest in diesem Beispiel von oben nach unten, das rechte von unten nach oben: A, U, G und E.

Bei einem Bild muss man eine spiegelverkehrte Kopie – in unserem Beispiel wäre dies die rechte Buchstabenleiter – seitenverkehrt zum Original verschieben beziehungsweise mit diesem in Deckung bringen, und siehe da – man erhält ein anderes Bild.

Hierzu ein Beispiel aus Mesopotamien (siehe *Abbildung 18*). Unser Auge vermag diese beiden Bilder nicht zur Deckung zu bringen, weil es anatomisch dafür nicht ausgerüstet ist. Ebenso wenig ist unser Gehirn dafür trainiert: Es kann nicht gleichzeitig die Dinge in zwei »Welten« beobachten und dann noch übereinander zur Deckung bringen.

Abbildung 18: Bildfolge 1 zur Kunst des »geheimen Sehens«: ein mesopotamischer Kämpfer, links das Original, rechts die gespiegelte Kopie.

Dank heutiger Kopiertechnik können wir das Original mühelos auf zwei Folien kopieren. Nun drehen wir die eine Folie um, sodass sie seitenverkehrt vor uns liegt, legen die

Folien mit den Rändern aneinander und verschieben sie gegeneinander.

Schritt für Schritt entsteht eine Reihe neuer Bilder. Jedes von ihnen enthält eine eigene Sequenz mit Aussagen, die vorher nicht sichtbar waren, sich aber nun durch die Bewegung (des Verschiebens) eine aus der anderen entwickeln. *Abbildung 19* zeigt das Ergebnis einer Sequenz dieser Kunst des geheimen Sehens.

Was haben diese Bildmotive zu bedeuten? Eine Erklärung liegt auf der Hand: Sowohl das alte Ägypten als auch die mesopotamischen Kulte kannten einstmals die göttliche Sehtechnik. Nicht nur die eckigen Pyramiden in Ägypten und die runden Türme im Zweistromland, sondern auch die Spitzpyramiden in beiden Ländern deuten auf eine Verbindung zu einer unbekannten Kultur hin. Hierbei könnte es sich um die besagte Kultur im Wasser handeln oder um ein im Dunkel der Zeit entschwundenes menschliches Reich.

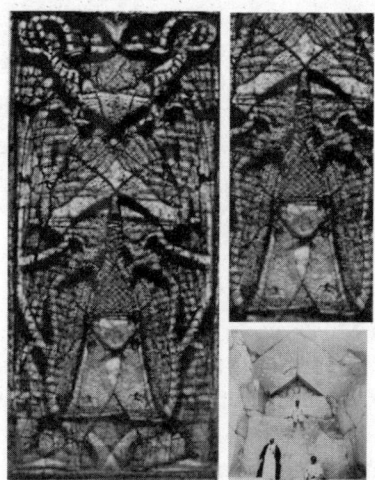

Abbildung 19, links: Die geheime Erklärung, wer die Herren der Pyramiden waren. Das Bild enthält ein Detail, das wir mangels Information nicht zuordnen können – noch nicht. *Rechts und unten:* Man erkennt eine sehr spitze Pyramide und darüber eine Figur, wie wir sie von der Cheopspyramide in Ägypten kennen.

Eine steinerne Landkarte aus alter Zeit

Obige Überlegungen müssten all jene beflügeln, die – wie ich selbst – annehmen, dass die Pyramiden von Gizeh weit älter sind, als die Ägyptologie heute postuliert. Diese Bauwerke stammen nicht aus der Epoche um 2600 v. u. Z., sondern aus einer Zeit, als der ägyptische Horusfalke[7] noch zwei gesunde Augen hatte – und auf dem Plateau von Gizeh entsprechend zwei mal zwei Pyramiden entstanden. Wann mag das legendäre Horusland bestanden haben? Werfen wir einen Blick auf eine Karte dieses Landes (siehe *Abbildung 20*).

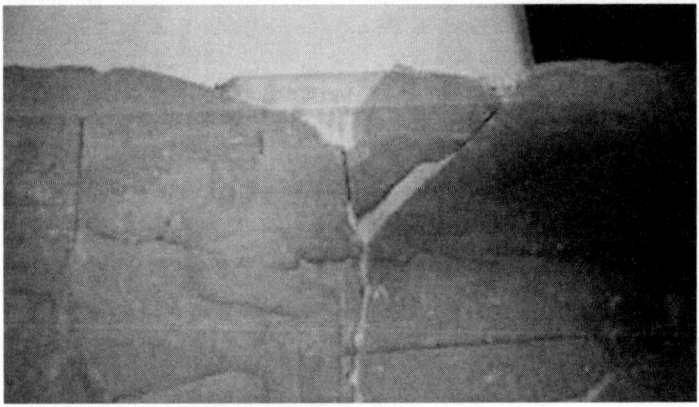

Abbildung 20: Eine steinerne Landkarte.

Im Ägyptischen Museum zu Kairo fotografierte ich Anfang der neunziger Jahre eine scheinbar zerbrochene Platte, die man wieder zusammengesetzt und dann ausgestellt hatte. Wer diese Platte angefertigt hat, ist mir nicht bekannt. Ob sie heute überhaupt noch im Museum in Kairo ausgestellt

---

[7] Einer ägyptischen Legende zufolge verlor Horus bei einem Kampf ein Auge. Im übertragenen Sinn könnte man das so deuten, dass Horus nur noch die Hälfte sieht – die eine Hälfte des »göttlichen Bildes«.

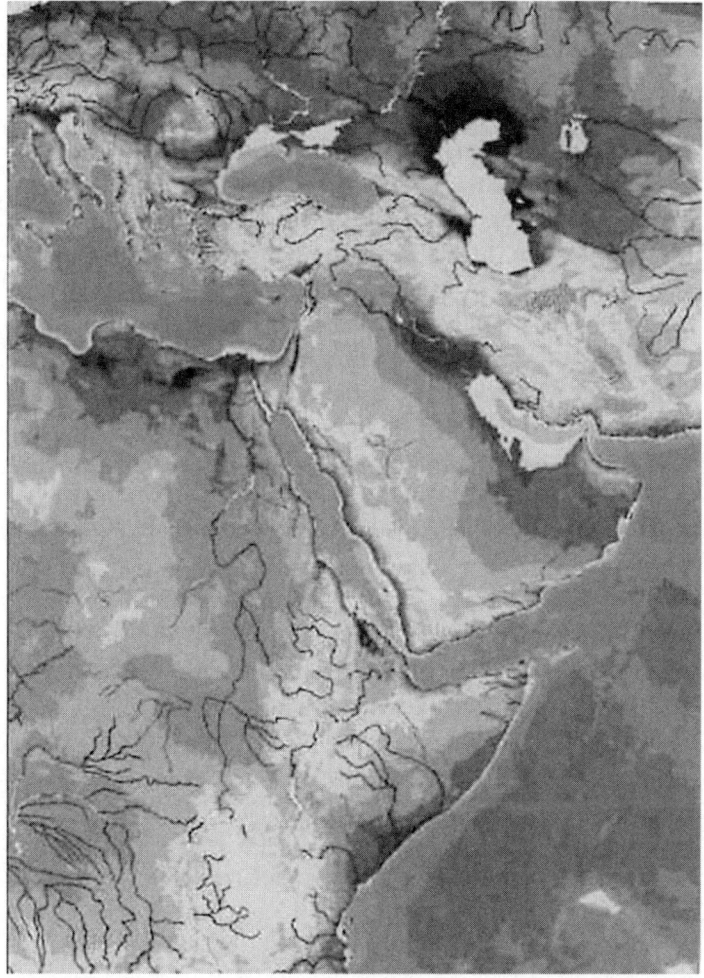

Abbildung 21: Satellitenbild der ägyptischen Region

ist, weiß ich auch nicht – möglicherweise ist sie längst wieder in den Stockwerken unter dem Museum eingelagert worden. Es handelt sich um ein Fries, wie man es zu hunderten an den Tempelmauern Ägyptens findet. Lange lag diese Aufnahme als mehr oder weniger unbrauchbar in mei-

nem Archiv herum, denn damals hatte ich nur die darge-
stellte Gestalt, den Pharao, im Blick. Tatsächlich steckt aber
mehr dahinter: Die Platte zeigt, wie man durch den Vergleich mit dem Satellitenbild *(Abbildung 21)* leicht erkennt,
das heutige Ägypten, die Sinaihalbinsel, den Golf von Ak-
kaba und die nördlichen Teile des heutigen Saudi-Arabien
bis nach Mesopotamien.

Sehen Sie sich die Platte bitte genau an: Das Rote Meer erscheint dort als ein schmales Rinnsal! Wie alt muss diese
Karte oder die Vorlage zu diesem Fries gewesen sein, wenn
sie eine Kontinentalverschiebung solchen Ausmaßes zeigt?

Im alten Ägypten war es üblich, Erkenntnisse der vorangegangenen Generation in Stein zu meißeln und innerhalb
des Tempels nach Themen geordnet zu platzieren. Ein typi-
sches Beispiel für ein solches »steinernes Lehrbuch« ist der
ptolemäische Tempelbau von Dendera, der zirka dreihundert Jahre vor der Zeitwende gebaut wurde. Aus dieser Tradition lässt sich die Vermutung ableiten, dass es in der sehr
alten Kultur, zu der damals auch Ägypten gehörte, üblich
gewesen sein könnte, eine Karte des Landes anzufertigen,
das der Pharao beherrschte. Und wie könnte man das Reich
eines Pharao besser darstellen als durch eine Kombination
aus dem Abbild seiner Gestalt und der Ausdehnung seines
Reiches?

Wenn eine Karte ein Gebiet umfasst, das vom heutigen Iran bis tief in die Libysche Wüste reicht, ohne von
der Breite des Roten Meeres geteilt zu sein, dann müsste
es zwischen den beiden Landstrichen auch architektonische Übereinstimmungen geben. Und die gibt es in der
Tat, wie das mesopotamische Kämpferbild (siehe *Abbildung 18, S. 80)* zeigt. Allerdings offenbart es sein Geheimnis
nur denen, die gelernt haben, wieder mit beiden Augen des
Horus zu sehen, so wie es in alter Zeit einmal üblich
war.

Das blinde Auge des Horusfalken

Viele altägyptische Legenden erzählen vom Horusfalken, der nur noch mit einem Auge sehen kann, weil sein anderes Auge blind geworden ist. Die Versuche, diese Sage zu deuten, sind noch weitaus zahlreicher. Auch ich habe mich daran beteiligt und spekuliert, dass es sich beim Horusfalken um eine Provinz Ägyptens handeln könnte, die verlorengegangen ist. Bis ich vor einigen Jahren Informationen über eine Technik erhielt, wie man im alten Ägypten die Wandbilder »zum Sprechen« brachte: Entgegen dem Anschein haben die Ägypter uns nicht stumme Tafeln, sondern sprechende Bilder hinterlassen, auf denen beispielsweise ein Krokodil, ein Pharao und eine weitere Gestalt Erklärungen abgeben. Es ist verblüffend einfach, wenn man erst einmal das Prinzip erkannt hat.

Anfangs hielt ich diese Hinweise für wenig plausibel, so wie es sicher jeder Ägyptologe tun wird, der diese Zeilen zum ersten Mal liest. Im Nachhinein muss ich jedoch sagen, dass es ein Volltreffer war. Damals kam mir zum ersten Mal der Verdacht, dass wir die Objekte und Darstellungen aus dem alten Ägypten möglicherweise grundsätzlich falsch sehen und daher auch falsch verstehen.

Werfen wir rasch einen Blick auf diese Technik der »sprechenden Bilder«, die uns einiges auch über die Bedeutung der Horussage verrät.

 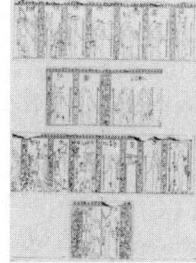

Abbildung 22: Ein Wandbild aus dem Grab eines Pharao. *Links* ein Ausschnitt, *rechts* die ganze Geschichte in »sprechenden Bildern«.

Abbildung 22 zeigt rechts das gesamte Epos und links ein Detail daraus, um die Sprache dieser Bilder sichtbar zu machen. Die Logik, die dahinter steckt, ist so einfach, dass jedes intelligente Wesen sie bei Interesse rasch durchschauen kann.

Erste Regel: Eine Figur mit menschlichen Umrissen, gleichgültig, ob Mensch oder Gott, erhält die Sinnesorgane Auge, Ohr, Mund und als Symbol für Tun oder Tat die Hand. Das vorgestellte Bein steht für »wohin ich gehe«, das nachgestellte Bein für »woher ich komme«.

Zweite Regel: Mache Sinnesorgane, Hand und Fuß jeweils zum Mittelpunkt und drehe die Figur um dieses Zentrum. Bei Auge, Mund und Ohr ist der Mittelpunkt eindeutig. Bei der Hand ist meist das Handgelenk, beim Fuß das Fußgelenk als Mittelpunkt zu nehmen.

Dritte Regel: Lies die Hieroglyphen in der Reihenfolge, in der sie durch die Drehung um den gewählten Mittelpunkt von einem Körperteil der Figur berührt werden. Die so gefundenen Hieroglyphen ergeben folgende Aussage der Figur:

- was sie sieht,
- was sie hört,
- was sie spricht,
- wohin sie geht,
- woher sie kommt.

Führt eine um einen dieser Achspunkte gedrehte Figur zu keiner Hieroglyphe, so bedeutet das eben, dass der Künstler hier keine Aussage zu überliefern hatte.

Mittels heutiger Technik lassen sich die Aussagen der alten Bilder leicht dechiffrieren. Man fertigt einfach eine Kopie des Bildes an, schneidet die Figur aus und durchsticht mit einer Nadel den gewünschten Achspunkt. Dann steckt man die Kopie deckungsgleich auf die Figur des Originalbildes und dreht sie um den Achspunkt.

Deutet zum Beispiel die Hand (falls wir diese als Achspunkt gewählt haben) auf eine bestimmte Kartusche oder Hieroglyphe auf dem Bild, dann enthält dieses Zeichen die zugehörige Aussage. Man schreibt alle Aussagen heraus und erhält so die Äußerung der Figur zu dem im Bild dargestellten Thema. Sind mehrere Figuren abgebildet, dann fügen sich ihre einzelnen Aussagen zu einem »Gespräch«.

Zweifellos ist dies eine geniale Technik, wenn man eine Botschaft über eine lange Zeitdistanz in die Zukunft transportieren will. Unser heutiges Kommunikationssystem würde ohne Elektrizität weitgehend zusammenbrechen. Die sprechenden Bilder der Ägypter jedoch »funktionieren« schon seit vielen Jahrtausenden.

Was bedeutet vor diesem Hintergrund die in zahlreichen Legenden überlieferte Aussage, dass Horus ein Auge verloren hat? Offenbar soll es heißen, dass wir aus Bildern, die Horus darstellen, nicht mehr ablesen können, was der mythische Falke sieht, denn uns fehlt das Auge als Mittelpunkt. Genaugenommen steht der Verlust dieses Horusauges symbolisch für eine der großen Tragödien auf diesem Planeten. Aber um das zu verstehen, müssen wir über die Technik, »mit beiden Augen zu sehen«, noch mehr erfahren.

Zwei Jahre nachdem ich zum ersten Mal von den sprechenden Bildern gehört hatte, demonstrierte mir ein Experte für mesopotamische Rituale, der gerade aus Saudi-Arabien zurückkam, jene oben bereits vorgeführte Technik der Parallelverschiebung spiegelverkehrter Bildhälften. Als er mir das zum ersten Mal zeigte, nahm ich es höflich zur Kenntnis und dachte nicht weiter darüber nach. Schließlich handelte es sich bei der Darstellung des mesopotamischen Kämpfers *(Abbildung 18, S. 80)* um eine mir unbekannte Aufnahme, und ich musste davon ausgehen, dass sie bewusst so präpariert worden war, um gerade diesen Effekt zu erzielen. Als er meine Skepsis spürte, ging der Besucher an meinen Bücherschrank, holte einen Bildband mit Aufnahmen aus Assyrien hervor, schlug ihn auf und forderte mich auf, ohne nachzudenken eines der Bilder auszuwählen. Er fertigte von diesem Bild zwei Folienkopien an, legte sie nebeneinander seitenverkehrt auf einen Overheadprojektor und verschob sie langsam gegeneinander.

Ich war sprachlos. Es funktionierte auch mit diesen Bildern. Meine Neugier war geweckt, und so überprüfte ich diese Technik noch an vielen weiteren Bildern aus jenem Band. Es klappte jedes Mal!

Mit der Technik unserer Zeit können wir solche Inhalte mühelos sichtbar machen. Dagegen musste man in alter Zeit ein kleines Gerät ähnlich einem Sextanten mit einer spiegelnden Fläche besitzen, um das reale und das gespiegelte Bild zur Deckung zu bringen. Man fuhr mit diesem Instrument die Fläche ab und bekam dann ebenfalls die »bewegten Bilder« zu sehen. Aus Sicht der Hüter gewisser Geheimnisse war es allerdings kein Mangel, dass man diese Bilder grundsätzlich nur dort zu sehen bekam, wo das Original vorhanden war, zum Beispiel im Tempel, im Palast des Königs oder in der Schule der Priester. Außenstehende hatten auf diese Weise keine Möglichkeit, von dem verschlüsselten Inhalt Kenntnis zu erlangen.

Hatte ich bis dahin – wie in der Ägyptologie üblich – den Vogel Horus einfach mit einer Gottheit der alten Ägypter identifiziert, so kam mir nun der Verdacht, dass ich dabei mangels Hintergrundwissen irgendetwas übersehen könnte. Könnte der Falke Horus als Sinnbild des menschlichen Gehirns gegolten haben, wie dies manche Hinweise in Ägypten nahelegen? Immerhin waren die Tempel, die man dem Horus geweiht hatte, die Denkfabriken des alten Ägypten, Anlagen also, in denen es um die Kunst des Sehens und Denkens ging.

Das führt uns allerdings zu der überraschenden Schlussfolgerung, dass die alten Ägypter Sehen und Denken gleichgesetzt haben müssten. Aus unserer heutigen Sicht wäre diese Gleichsetzung schlichtweg falsch. Bedeutet das aber, dass es in der Sichtweise der Welt vor fünftausend Jahren oder noch früher auch falsch gewesen sein muss? Nein, keineswegs, es kann damals als richtig angesehen worden sein, und das allein zählt, weil wir die Überreste aus der damaligen Zeit nur dann verstehen können, wenn wir sie möglichst mit den Augen und der Denkweise der damaligen Zeit begutachten.

Halten wir also vorerst fest: Wenn in einer Weltanschauung das Gehirn (Denken) mit einem der beiden Augen gleichgesetzt wird, dann steht das andere Auge für die Fähigkeit des Sehens. Wir hingegen sind es gewöhnt, beide Augen als bloße Instrumente der Sehfähigkeit einzustufen. Diese unterschiedliche Art der Betrachtung wenden wir nun auf die Aussage an, dass das eine Auge des Horus blind geworden beziehungsweise herausgerissen worden sei: Demnach müsste entweder die Fähigkeit zu sehen oder die Fähigkeit zu denken verlorengegangen sein.

Diese Ausführungen sind wichtig für unseren Versuch, der vierten Pyramide auf die Spur zu kommen. Die Pyramiden von Gizeh sind mindestens fünftausend Jahre alt. Zur Zeit der Errichtung der vierten Pyramide konnte der Horusfalke sicherlich noch mit beiden Augen sehen. Was hat er – beziehungsweise der Eingeweihte jener Zeit – damals gesehen? Was davon bleibt uns heute verborgen? Was würden wir wieder sehen, wenn wir wie der Horusfalke »mit beiden Augen« sehen könnten?

Schätze in den Pyramiden

Arabische Aufzeichnungen aus dem 14. Jahrhundert enthalten Berichte über Schätze in den Pyramiden, die aufhorchen lassen. Die westliche Pyramide, auf die sich der nachfolgend zitierte Abschnitt bezieht, wäre die des Chephren, wenn wir uns an der heutigen Situation auf dem Pyramidenplateau von Gizeh orientieren. Bislang sind allerdings nicht annähernd dreißig Kammern in dieser Pyramide gefunden worden. Deshalb und mehr noch aufgrund der beschriebenen Inhalte könnte man zu der Ansicht gelangen, dass in diesem Text der ursprüngliche Inhalt der vierten Pyramide dargestellt wird, der demnach vor deren Demontage in die Chephrenpyramide geschafft worden wäre:

Darauf ließ er in der westlichen Pyramide dreißig Schatzkammern aus farbigem Granit anlegen; die wurden angefüllt mit reichen Schätzen, mit Geräten und Bildsäulen aus kostbaren Edelsteinen, mit Geräten aus vortrefflichem Eisen, wie Waffen, die nicht rosten, mit Glas, das sich zusammenfalten lässt, ohne zu zerbrechen, mit seltsamen Talismanen, mit den verschiedenen Arten der einfachen und der zusammengesetzten Heilmittel und mit tödlichen Giften.

Auch in der »östlichen Pyramide« wurden Schätze gefunden, wie Al-Makrizi berichtet:

In der östlichen Pyramide ließ er die verschiedenen Himmelsgewölbe und die Planeten darstellen sowie an Bildern anfertigen, was seine Vorfahren hatten schaffen lassen; dazu kam Weihrauch, den man den Sternen opferte, und Bücher über diese. Auch findet man dort die Fixsterne und das, was sich in ihren Perioden von Zeit zu Zeit begibt, und die im Hinblick auf sie eingeführten Epochen dargestellt sowie die Ereignisse der Vergangenheit, die Zeiten, zu denen man die zukünftigen Geschehnisse erwartet, und alle Herrscher Ägyptens bis ans Ende der Zeiten. Außerdem ließ er dort Gefäße aufstellen, in denen sich Arzneitränke und Ähnliches befanden.

Diese Beschreibung könnte auf die Cheopspyramide zutreffen, auch wenn diese in Wahrheit westlich der Chephrenpyramide steht. Seit langer Zeit existieren Dokumente, die darüber berichten, dass die Cheopspyramide der Sternenkunde und der Prophetie gedient haben soll.

Welche Pyramide könnte schließlich mit der Bezeichnung »farbige Pyramide« gemeint sein?

In die farbige Pyramide endlich ließ er die Leichname der Wahrsager in Särgen aus schwarzem Granit bringen; neben jedem Wahrsager lag ein Buch, in dem seine wunderbaren Künste und Werke, sein Lebenslauf, was er zu seiner Zeit verrichtet hatte, und was vom Anfang bis zum Ende der Zeiten war und sein wird, beschrieben war. An den Wänden ließ er auf jeder Seite Götzen darstellen, die mit ihren Händen alle Fertigkeiten verrichteten, nach ihrem Rang und ihrer Macht geordnet; dazu kam eine Beschreibung jeder Fertigkeit sowie der Art ihrer Ausführung und dessen, was sich dafür brauchen ließe. Auch gab es keine Wissenschaft, die er nicht niederschreiben und aufzeichnen ließ. Außerdem ließ er dorthin die Schätze der Gestirne, die diesen als Geschenke dargebracht worden waren, sowie die Schätze der Weissager schaffen, und diese bildeten eine gewaltige, unzählbare Menge.[8]

Dieser letztere Bericht erinnert sehr an die Überlieferung zur »Halle der Aufzeichnungen« und die steinernen Reste, die Sultan Hassan in seiner Moschee verbauen ließ. Daraus wäre abzuleiten, dass die heute verschwundene vierte Pyramide einstmals eine farbige Außenverkleidung besaß.

---

[8] Graefe, a. a. O.

6

DAS GEHEIMNIS VON HELIOPOLIS

Auf der Suche nach Alt-Heliopolis

Nordwestlich von Masr el-Gedida liegt das heute so genannte Alt-Heliopolis. Die alten Ägypter nannten diesen Ort On, der einst so bedeutend war, dass er noch im Alten Testament der christlichen Bibel erwähnt wird. Nach der ägyptischen Mythologie wurde von On aus die Welt erschaffen, denn dort erhob sich das erste Festland, der Urhügel, aus dem Wasser. Von der einstigen Pracht dieses Ortes, der als geistiges Zentrum und Kultstätte des Alten Reichs galt, waren bis vor wenigen Jahrzehnten noch einige Schutthügel und Mauerreste erhalten geblieben. Inzwischen wurde das Areal eingeebnet und begrünt.

On ist heute zu einem »Nichts« inmitten des Großstadtgetöses von Kairo geworden. Kaum ein Tourist verirrt sich dorthin, weil die Anfahrt durch die Slums von Kairo die meisten Ausländer verschreckt. In Zeiten innenpolitischer Spannungen ist es sogar ratsam, diesen Ort zu meiden. Ich erinnere mich an einen Aufenthalt Anfang der Neunzigerjahre, als mir meine ägyptischen Freunde eine Polizeieskorte organisieren mussten, um meinen hartnäckig geäußerten Wunsch zu erfüllen und mich sicher nach Alt-Heliopolis und zurück zu bringen.

Als Alt-Heliopolis wird die Stätte heute bezeichnet, um sie von Heliopolis zu unterscheiden, dem neuen Stadtteil von Kairo, in dem sich das Regierungs- und das Villenviertel der Botschaften sowie die Wohnhäuser der Reichen aus der größten Metropole Afrikas befinden.

Überhaupt ist die Stadt Kairo ein Problem für jeden, der Spuren der Vergangenheit zwischen Alt-Heliopolis und dem Pyramidenplateau von Gizeh sucht. Die Zehn-Millionen-Kapitale wächst explosiv, und die Folgen des kontinuierlichen Bevölkerungszuzugs sieht man auf Schritt und Tritt. Das gesamte Niltal ist von den Stadtvierteln Kairos geradezu überwuchert. Die vielen Landflüchtlinge, die hier Arbeit und Unterkunft suchen, haben aus Kairo einen Albtraum für jeden westlichen Besucher gemacht, der sich länger als ein paar Stunden in der Stadt aufhält.

Vor fünftausend Jahren, zur Zeit der Blüte von On, befand sich außer der fruchtbaren Vegetation des Niltals kaum etwas zwischen Heliopolis und dem Pyramidenfeld von Gizeh, das den Blick behindert hätte, schon gar kein Gebäude. Von Wüste war damals weit und breit nichts zu sehen. Das Hinterland bestand aus fruchtbaren Feldern und grünen Plantagen. Die Pyramiden standen inmitten von Gärten mit üppiger Vegetation. Betrachtet man die räumlichen Gegebenheiten auf einer Landkarte, kann man sich gut vorstellen, dass die Pyramiden von Gizeh und die Priesterstadt On, wo auch immer der Fluss damals genau verlaufen sein mag, den Beginn des Nildeltas markierten, also die Region, in der sich der Nil im heutigen Mittelmeer verlor.

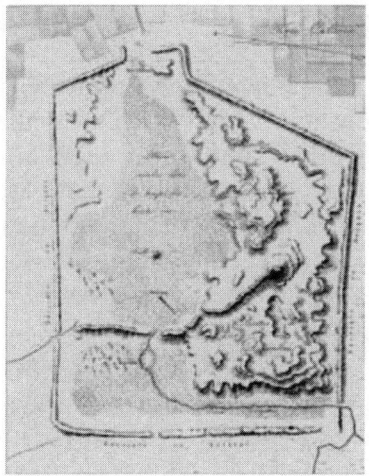

Abbildung 23: Der Grundriss von Heliopolis, wie er von napoleonischen Wissenschaftlern um 1800 vermessen wurde.

In den Augen der alten Ägypter war On damals der Nabel der Welt. Heute dagegen ist On oder Alt-Heliopolis von Straßenlärm und vom Ruf des Muezzins, vom Smog der Stadt und im Sommer von sengender Hitze bestimmt. Das heilige Feld der Tempel und Obelisken ist von mehrstöckigen Wohnhäusern eingekesselt, und weit und breit ist nichts mehr von dem zu sehen, was einst die Pracht dieses Platzes ausgemacht hat. An die einstige Blütezeit erinnert nur noch einer der beiden Obelisken, die König Sesotris I. 1942 v. u. Z., also vor fast viertausend Jahren, vor dem Tempel der Sonne errichten ließ, dem Zentrum des Kultortes. Überhaupt befanden sich an diesem Ort auffällig viele Obelisken, mutmaßlich sechzehn Exemplare.

Der einsame Obelisk, der heute dort als eine Art Denkmal zu sehen ist, wurde mit Hilfe deutscher Archäologen wieder aufgerichtet. Er hat eine Höhe von 20,50 Metern und wiegt zirka 120 Tonnen. Seine Spitze war ursprünglich mit Goldplatten belegt. Zwei dieser Obelisken standen in On. Beide trugen Inschriften und Bilder des Horusfalken.

Den zweiten Obelisken ließ Kaiser Augustus im Jahr 10 v. u. Z. als Siegtrophäe nach Rom transportieren und im Zentrum des Circus Maximus neben anderen Obelisken aufrichten. Irgendwann in den Wirren der Zeit stürzte der Koloss aus rotem Granit um. Er war 23,30 Meter hoch, einschließlich Sockel maß er sogar 32,77 Meter, und 235 Tonnen schwer. Durch die Wucht des Aufpralls zerbrach er und durchschlug dabei den Boden zu einigen der unterirdischen Zirkusgänge, so dass er buchstäblich in den Trümmern des Unterbaus versank.

Unter Papst Gregor XIII. wurden Teile der Basis des Obelisken entdeckt und ausgegraben. Papst Sixtus V. schließlich ließ im Jahr 1589 die drei erhaltenen Bruchstücke zusammenfügen und erneut aufrichten. Der Obelisk steht heute auf dem Petersplatz im Vatikan. Ob auch das Wissen der Priester von On mit diesem Obelisken nach Rom umgezogen ist? Wer weiß. Vielleicht wird man eines Tages den altägyptischen Mythos von dem Vogel zitieren, den die Griechen später Phönix nannten und der sich alle fünfhundert Jahre verbrennen soll, um aus seiner Asche neu zu erstehen.

Abbildung 24: Der letzte von sechzehn Obelisken, die einstmals in Heliopolis standen. Einige von ihnen erinnern heute in den Hauptstädten der Welt an die Priesterstadt Heliopolis.

Das Geheimnis der Pharaonen findet man nicht in ihren Gräbern

»Höre ich Ägypten, höre ich Zweifel.« Mit diesen wenigen Worten fasste der britische Archäologe, dem ich im Juli 1969 in Kairo begegnete und dem ich den entscheidenden Hinweis auf die Sultan-Hassan-Moschee verdanke, seine Leidenschaft zusammen. Er war um die fünfundsiebzig Jahre alt und harrte seit Jahren, auch vom Nasser-Regime geduldet, in Kairo aus. Wir saßen damals in dem altmodischen Hotel »Semiramis« am Ufer des Nils und tranken Pfefferminztee. Das britische Hotel, in dem Archäologiegeschichte geschrieben worden war, wurde später abgerissen, um einem Neubau Platz zu machen. Sein dünnes Stöckchen, das er sich im Stil eines britischen Offiziers unter den Arm zu klemmen pflegte, lag auf dem Tisch. Sein skeptischer Blick verriet Zweifel, ob ich für ihn der richtige Gesprächspartner sei. Aber was tut man nicht alles für ein Stück Seife, einen Rasierpinsel und zwei Päckchen Rasierklingen.

Ende der Sechzigerjahre war eine harte Zeit für Europäer in Kairo. Es gab außer ein paar Melonen praktisch nichts zu kaufen. Weder Touristen noch Geschäftsreisende kamen damals nach Ägypten. Ich war über Rumänien nach Kairo geflogen. Ein Direktflug dorthin war nicht möglich gewesen, weil das Land damals vom Westen boykottiert wurde. Die Iljuschin, mit der wir eingeflogen waren, stand einsam auf dem Flughafen Kairo. Im vornehmen »Mena-House« am Fuß der Pyramiden wurden vier Gäste von acht Kellnern bedient. Wer sich mit Seife waschen wollte, musste sie sich nach alten Rezepten selbst kochen.

Ich erwähne das alles nur, um die Situation des britischen Archäologen besser verständlich zu machen, dem nichts anderes übrig blieb, als das Gespräch mit den wenigen Europäern in der Stadt zu suchen. Einer dieser Europäer war ich. Es war innerhalb kurzer Zeit mein zweiter Aufenthalt in Ägypten, daher waren wir uns etwas näher gekommen.

Die Tüte mit Drogerieartikeln hatte bei ihm eine Reaktion ausgelöst, wie man sie von Kindern unterm Weihnachtsbaum kennt. Meine Begeisterung für Pharaonen und Tempel, Pyramiden und Gräber sowie die Aussicht auf den neuerlichen Kontakt zu einem Insider hatten mich zu diesem Einkauf bewogen. Sein väterliches Wohlwollen und seine Nachsicht mit meinen Vorstellungen spürte ich nun auf Schritt und Tritt. Jeder dritte Satz von ihm lautete sinngemäß: »Sieh es mit anderen Augen.« Damals verstand ich ihn nicht – heute setze ich ihm mit diesem Buch über die vierte Pyramide ein Denkmal.

»Die meisten Überreste des alten Ägypten«, erklärte er mir, »stammen aus einer Zeit, in der die Griechen, ägyptisch Ptolemäer genannt, das Land beherrschten. Weiter finden sich einige Reste, die auf die Zeitspanne 1500 bis 800 v. u. Z. datiert werden. Jenseits davon wird es sehr spärlich. Der ägyptische Fremdenführer, falls es ihn eines Tages wieder geben wird, lässt dem Besucher seinen Glauben, dass alles, was er hier zu sehen bekommt, sehr, sehr alt sei, viertausend Jahre und älter. Aber das trifft nicht zu. Die Überreste einer Zeit, die wir kaum verstehen, verwirren den Besucher, denn sie weisen auf eine Prachtentfaltung hin, die in Europa oder rund um das Mittelmeer nicht ihresgleichen hat. Schließen Sie bitte die Augen«, fuhr er überraschenderweise fort. »Was sehen Sie?«

»Pyramiden«, antwortete ich spontan.

»Das liegt ja auf der Hand«, bemerkte er. »Wie sah der Ägypter der alten Zeit Ihrer Meinung nach aus?«, fragte er weiter.

»Ich weiß nur, wie ein Pharao aussah«, erwiderte ich.

»Genau das wollte ich Ihnen vorführen. Wir stellen uns immer vor, dass der Pharao den ganzen Tag in einem Zeremoniengewand herumgelaufen ist. Das ist natürlich Unsinn.«

Ich erinnere mich noch wie heute an dieses Gespräch, weil der alte Herr mir die erste Lektion im »Anderssehen« erteilte.

»Wie sah wohl ein ägyptischer Priester aus?«, fragte er weiter.

»Keine Ahnung«, konnte ich nur antworten, denn damals war mir noch nicht aufgefallen, dass es nur sehr wenige Abbildungen von Priestern aus der Zeit des Pyramidenbaus gibt. Fast alle Abbildungen zeigen Priester aus der Zeit um 800 v. u. Z. oder jünger.

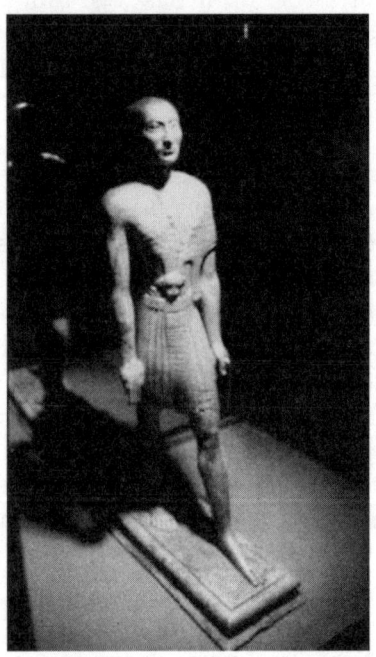

Abbildung 25: Diese Statue eines ägyptischen Priesters (um 600 v. u. Z.) befindet sich im Museum der türkischen Stadt Selçuk.

»Alle überlieferten Darstellungen zeigen die Priester in feierlicher Kluft, keine einzige in Arbeitskleidung«, fuhr der Archäologe fort. »Gemessen an den hunderttausenden von Priestern, die im Lauf von mindestens dreitausend Jahren in ägyptischen Tempeln Dienst getan haben, sind so gut wie keine Habseligkeiten oder Bildnisse auf uns überkommen. Wie kommt das eigentlich?«

Ich konnte nur mit den Schultern zucken.

»Nehmen wir einmal an, Großbritannien erlebt eine religiöse Umwälzung, die Staatskirche wird abgeschafft. Gott schütze die Königin«, fügte er lächelnd hinzu. »Die Hüter des neuen Glaubens werden jedenfalls versuchen, alle Zeugnisse der Vorläuferkirche zu beseitigen. So ist es wohl auch hier geschehen. Dazu hatten die Ägypter jahrtausendelang Zeit.

Daher kommt es hier und heute im Nilland darauf an, nach den übersehenen Resten der praktischen Arbeit von Priestern und deren Oberen, den Pharaonen, zu suchen. Wie sahen ihre Arbeitsplätze aus, was haben sie gearbeitet? Was sie vor viertausendfünfhundert Jahren gesprochen oder gar gedacht haben, werden wir wohl nicht mehr erfahren. Alles, was uns noch vorliegt, stammt aus der Epoche um 1800 bis 1500 v. u. Z.

Wenn es Geheimnisse um die Pharaonen und ihre Priester gibt«, fuhr er fort, »dann wird man sie also sicherlich nicht in deren Gräbern finden. Das Ende eines Lebens, der Tod und die Zeit nach dem Tod sind eine sehr persönliche Sache, das ist auch im alten Ägypten so gesehen worden. Geheimnisse, die zum Beispiel die Macht eines Pharaos und seiner Priesterschaft sicherten, wurden an den Nachfolger weitergegeben. In einem Grab wären etwaige Geheimnisse schlecht aufgehoben, es sei denn, man verfügte über Möglichkeiten, den Ort bis in alle Ewigkeit zu bewachen.

So, mein lieber Herr«, schloss er endlich, »und jetzt überlegen Sie einmal, wo sich die Priesterschaft und möglicherweise der Pharao in Ausübung bestimmter Zeremonien aufgehalten haben.«

»In den Tempeln«, antwortete ich, froh, auch etwas zu unserem Gespräch beisteuern zu können.

»Richtig!«, lobte er mich mit einem leisen ironischen Lächeln. »Und wie machen es die katholischen Christen seit tausend Jahren? Sie sammeln und hüten alle Geheimnisse ihrer Religion in ihrem zentralen Heiligtum, dem Vatikan.

Wenn Sie sich also für die Geheimnisse der Pharaonen interessieren, dann müssen Sie nach den Überresten der Priesterstadt suchen, die in griechischer Zeit Heliopolis genannt wurde. Hierbei wird Ihr Abenteuer mit dem Wort Helios anfangen und beim Wort Helios enden.«

Ich gebe zu, dass ich dreißig Jahre lang den Hintersinn dieser Bemerkung nicht verstand. Erst als ich einige Zeichnungen auf Steinplatten, die von der vierten Pyramide nach Heliopolis geschafft worden waren, als Darstellung einer uralten Technik identifizieren konnte, wurde mir klar, dass dieser alte Archäologe all das schon gewusst haben muss, mir aber mehr als diese versteckten Hinweise damals nicht geben konnte oder wollte.

Heliopolis und Gizeh in altägyptischer Zeit

Zum Ende der ägyptischen Ära, um 600 v. u. Z., wurden in Heliopolis die Sonnengötter Atum und Re verehrt. Zu dieser Zeit trug die Stadt den ägyptischen Namen Iunu. Pythagoras und Platon dürften zu den berühmtesten Griechen gehören, die hier lange Zeit als Studenten lebten. Als die Griechen einige Jahrhunderte später Ägypten kampflos eroberten, wurde Iunu in Heliopolis (»Sonnenstadt«) umbenannt.

Der älteste bis heute aufgefundene ägyptische Kalender stammt aus Heliopolis und datiert etwa auf 4240 v. u. Z. Er ist demnach über sechstausend Jahre alt. Selbst wer den Ausführungen in diesem Buch nicht folgen möchte, muss zur Kenntnis nehmen, dass die Pyramiden von Gizeh nach der derzeit offiziellen Datierung um 2550 v. u. Z. erbaut worden sein sollen und damit rund tausendsechshundert Jahre jünger wären als jener Kalender. In diesen tausendsechshundert Jahren konnte sich durchaus eine Kultur entwickeln, die solche baulichen Höchstleistungen ermöglicht.

Dem heutigen Ägyptenreisenden ist das Zusammenspiel zwischen der ältesten Priesterstadt des Nillands und dem Pyramidenplateau von Gizeh selten bewusst. Das ist kein Wunder, wird doch der Zusammenhang zwischen Priesterschaft und Universität auch durch die räumliche Distanz von mehr als fünfundzwanzig Kilometern verdunkelt. Vieles deutet dennoch darauf hin, dass die Bevölkerung in Gizeh medizinisch versorgt wurde, so wie sich in christlicher Zeit in Europa viele Benediktinerklöster um die medizinische Betreuung der Anwohner kümmerten: Auch dort waren also Gottesdienst und Gesundheitsdienst in einer Hand.

Schon in meinem Buch »Die Heilkraft der Pyramiden«[9] habe ich auf die Mehrfachfunktion dieser Bauwerke hingewiesen. Sie standen immer im Mittelpunkt einer (Tempel-) Anlage, in der geboren, ausgebildet und auch gestorben wurde und in der die Ägypter bei Gesundheitsproblemen ebenso wie bei Konflikten mit ihrem Gott Hilfe fanden.

Doch während es heutzutage als normal gilt, dass beispielsweise eine Universität die unterschiedlichsten Fakultäten in sich vereinigt und auf einem großen Areal verschiedene Spezialisten nebeneinander arbeiten, wollen viele Ägyptenkenner ein solches Modell für das alte Ägypten merkwürdigerweise nicht akzeptieren. Sie kleben geradezu an der Bezeichnung »Tempel«, die sie mit einer zu engen, an jüngeren Kulturen orientierten Bedeutung verbinden.

Moses und der »Trank des Vergessens«

Warum wurden bis heute keinerlei Dokumente bekannt, die auf eine solche systematische Verbindung zwischen Heliopolis und Gizeh deuten? Die Gründe liegen meines Erach-

---

[9] Manfred Dimde: Die Heilkraft der Pyramiden. Landsberg a. L. 1997

tens auf der Hand: Weder die Muslime, die mittlerweile über dieses Gebiet herrschen, noch die Hüter der jüdischen und christlichen Weltanschauungen hatten und haben ein Interesse daran, solche Dokumente aufzufinden oder gar zu verbreiten.

In Heliopolis gibt es nachweislich keine Gräber. Was dort gefunden wurde, sind Überreste alter Kulte aus vorislamischer Zeit. Somit ist Heliopolis aus muslimischer Sicht ein Platz des Teufels. Auch Juden und Christen scheinen im Zusammenhang mit Heliopolis nicht immer frei von Furcht vor Teufeln gewesen zu sein. So stellt sich die Frage, warum das Alte Testament zwar Heliopolis (On) erwähnt, aber kaum Details schildert. Das ist umso erstaunlicher, als bekanntlich Moses laut jüdischer Überlieferung eine größere Zahl Menschen aus Ägypten weggeführt hat und so lange mit ihnen auf Wanderschaft war, bis die Generation, die mit ihm davonzog und die noch in Ägypten geboren und ausgebildet worden war, unterwegs aus Krankheits- oder Altersgründen weggestorben war. Erst deren Kinder, die Ägypten nie gesehen und das Wissen der Altvordern verloren hatten, durften sich laut dieser Überlieferung in der versprochenen neuen Heimat niederlassen. Hierauf werde ich im Zusammenhang mit dem »Trank des Vergessens« noch einmal zurückkommen.

Jedenfalls war es nicht im Sinne von Moses oder seiner Nachfolger, dass nach solchen Mühen und solchem Aufwand jedermann aus den Reihen der Weggeführten nachlesen konnte, wie in Ägypten gelebt und was dort gelehrt wurde. Nicht zuletzt aus diesem Grund durfte anfänglich bei den Israeliten nichts schriftlich überliefert werden! Jedes Schriftdokument konnte früher oder später einem Unbefugten in die Hände fallen, und das barg die Gefahr einer Rebellion.

In den Schriften der Nachkommen dieser Gruppe fehlt daher jede Beschreibung der Ausbildung und medizinischen Betreuung im alten Ägypten. Es gibt zwar eine talmudische Medizin, die Anweisungen für die Rabbiner enthält, wie bei Erkrankungen zu verfahren ist. Doch ein Zusammenhang mit dem alten Ägypten lässt sich in diesem Schrifttum nicht erkennen. Da das Christentum und später der Islam aus der jüdischen Weltanschauung hervorgegangen sind, sollte sich niemand wundern, dass die positiven Errungenschaften des alten Ägypten aus dem Bewusstsein der meisten Menschen längst verschwunden sind. Die jüdische Weltanschauung verteufelt Babylon und Ägypten gleichermaßen, und das Christentum hat diese Verteufelung in der Bibel übernommen.

Greifen wir beispielsweise den berühmten Streit zwischen Moses und dem Pharao heraus. Für mich ist heute nicht mehr eindeutig klar, wer bei diesem Konflikt der Schurke und wer der Heilsbringer war. Wie viele Tote mögen auf das Konto des Anführers des Exodus gehen? Wie viele Hinrichtungen hat Moses wegen Verfehlungen während des Trecks durch die Wüste befohlen? Alles mit dem Willen Gottes zu entschuldigen ist nicht nur bequem, sondern auch ein wohlfeiles Mittel gegen ein schlechtes Gewissen, das einen zum Ende des Lebens plagen könnte.

Allerdings gingen auch die Ägypter mit ihren Gegnern nicht gerade zimperlich um. Sie extrahierten aus zwei Sumpfpflanzen ein Gehirngift, sodass Feinde oder Spione, die davon tranken, ihr Gedächtnis verloren. Die Opfer lebten weiter, aber sie wussten nicht mehr, wer sie waren und woher sie kamen. Erstaunlicherweise gibt es keinerlei Ruinen von Gefängnissen und Verliesen aus der Zeit des alten Ägypten. Als mir das zum ersten Mal auffiel, wurde ich stutzig, aber ich machte mir darüber zunächst keine weiteren Gedanken. Da ich stets von edel denkenden Ägyptern ausgegangen war, kamen Einrichtungen zur Isolierung gefangener Übeltäter für mich in der Geschichte Ägyptens schlichtweg nicht vor.

Möglicherweise aber benötigte man einfach deshalb keine Gefängnisse, weil den Delinquenten stattdessen der »Trank des Vergessens« verabreicht wurde. Seine Herstellung wird an einigen Wänden der Tempelruinen beschrieben. Das wäre auch eine Erklärung für die einstige Macht der Pharaonen und der Hohenpriester. Der Herr des Großen Hauses, genannt Pharao, führte seine Abstammung ursprünglich bis auf die Götter Ägyptens zurück. Welche Mittel der Machtausübung hatte dieser Herrscher, wenn ihm das Töten intelligenter Wesen von den »Göttern« verboten worden war? Denn ein Grundgesetz des Universums lautet: »Kein intelligentes Geschöpf darf von anderen intelligenten Geschöpfen getötet werden.« Denken Sie in diesem Zusammenhang auch an Adam und Eva, die aus dem Paradies verbannt, nicht aber getötet wurden. Oder denken Sie an Kain und Abel, an die Textstelle, als Kain in Panik gerät, weil er seinen Bruder Abel getötet hat: Dafür hätte auch er den Tod erleiden müssen.

Wie also kann man trotz eines solchen universellen Grundgesetzes, an das sich die Pharaonen vermutlich gebunden fühlten, Macht über andere Menschen ausüben? Die Altägypter hatten Jahrtausende Zeit, eine Lösung zu suchen und zu finden: den Trank des Vergessens. Aus Pflanzen, die ich hier wohlweislich nicht nenne, stellten sie eine Droge her, die, in ein Getränk geträufelt, das Gedächtnis des Opfers auslöschte, ohne seine Lebensfunktionen zu beeinträchtigen. Danach wurde der Missetäter neu erzogen und konnte ohne Gefahr für die Mächtigen in ihrem Einflussbereich leben und arbeiten. Auch den Griechen war möglicherweise noch die Sitte bekannt, einem Delinquenten den Becher des Vergessens zu reichen; sie kannten allerdings nicht mehr die Rezeptur für diesen Trank.

Wusste Moses vom Trank des Vergessens? Immerhin war er Ägypter (möglicherweise sogar, wie oben angedeutet, mit dem Pharao Echnaton identisch) und wurde von einer Prinzessin erzogen, zumindest wird das so berichtet. Könnte er den Trank des Vergessens in großem Stil eingesetzt haben, als er Wasser aus einem Felsen in der Wüste schlug? In den Schriften ist darüber nichts vermerkt. Jedoch ist es verlockend, darüber nachzudenken, ob am Ende dieser legendären Umsiedlungsaktion die ehedem renitenten Umsiedler davon getrunken und so ihre Vergangenheit ausgelöscht haben könnten. Schließlich lebten sie fortan in einem Landstrich, von dem sie glaubten, dass hier schon immer ihre Heimat gewesen sei.

Was ist in diesem Zusammenhang von der biblischen Angabe zu halten, dass die Israeliten »vierzig Jahre« durch die Wüste gezogen seien? Die Zahl 40 steht im arabischen Raum noch heute für eine vage Zeitangabe. Sie kann vier Monate, vier Jahre oder eine Ewigkeit bedeuten. Ist Moses damals mit etwa einer Million Menschen vielleicht nur in eine Nachbarprovinz gewandert oder hat er schlicht einen Nilarm im Delta überquert? Das wäre zu bewerkstelligen gewesen. Hingegen vierzig Jahre auf Wanderschaft? Die Ägypter konnten zwar Pyramiden bauen, aber einen Tross von vielen hunderttausend Menschen jahrzehntelang mit dem Notwendigsten zu versorgen – das dürfte auch ihre Möglichkeiten weit überstiegen haben. Wäre es also nicht wahrscheinlicher, dass die »Wüste« bildlich gemeint war: als Metapher für den kollektiven Blackout nach dem Genuss des Vergessenstrunks?

Das würde jedenfalls auch erklären, warum im Alten Testament keine genauen Angaben über die Pyramiden gemacht werden und schon gar keine über die Verbindung von Gizeh mit der Priesterstadt Heliopolis: Die Nachfahren Mose, denen wir diese Aufzeichnungen verdanken, hatten keinerlei – eigene oder schriftlich überlieferte – Erinnerung mehr daran.

Kommunikation mit dem Himmel

Da das Pyramidenplateau von Gizeh und die Priesterstadt Heliopolis also zusammengehören, müssten die Pyramidentouristen von Gizeh aus eigentlich direkt nach Heliopolis weiterfahren. Doch erstens ist es, wie schon beschrieben, eine nervenzermürbende und zeitraubende Fahrt durch den chaotischen Verkehr von Kairo und zweitens wenig sinnvoll, weil es im ehemaligen Heliopolis nichts mehr zu sehen und zu fotografieren gibt.

Über die Gründung dieses geistigen Zentrums im alten Ägypten ist wenig bis gar nichts bekannt. Die Zerstörung von Heliopolis im 6. Jahrhundert v. u. Z. haben griechische Zeitzeugen geschildert. Es vergingen rund tausend Jahre, bis das Wissen um die alte Zeit in Ägypten ausgerottet war. Immer wieder wurden zwar zerstörte Teile aufs Neue aufgebaut, doch das endgültige Ende für Heliopolis kam, als Theodosius der Große 391/392 alle nichtchristlichen Kulte in seinem Römischen Reich verbot und deren Tempel schließen ließ. Dieser Befehl galt rund um das Mittelmeer und wurde strikt befolgt. Die Tempelschätze, die von den Priestern nicht rechtzeitig weggeschafft werden konnten, sowie die großen Ländereien, die zu den Einrichtungen gehörten, wurden neu verteilt.

Die Tempelanlagen nutzte man des Marmors wegen in den folgenden Jahrhunderten als Steinbrüche. Die tonnenschweren Steine wurden zum Teil umgearbeitet und in christlichen Kirchen oder Klöstern verbaut. So erging es auch Heliopolis: Was nicht weggeschafft werden konnte, blieb unbeachtet liegen, darunter auch die Obelisken.

Aus einem Hinweis im so genannten »Papyrus Leiden« geht jedoch hervor, dass Heliopolis in alter Zeit ein besonderer Ort war. Dort heißt es:

>»Wenn eine Botschaft vom Himmel kommt,
>hört man sie in Heliopolis.«

In unserer Zeit versteht man den Inhalt einer solchen Aussage sicher anders als noch vor dreihundert Jahren. Damals konnte man nur an göttliche Inspiration denken, die an dieser Stelle besonders intensiv gewesen sei. Heute dagegen liegt die Vermutung auf der Hand, dass die obigen Worte auch eine Art Funkkommunikation beschreiben könnten.

Mancher wird bei der Vorstellung jubeln, dass in Heliopolis womöglich eine Sende- und Empfangsanlage für extraterrestrische Kommunikation stand. Solange die Details aus der »Halle der Aufzeichnungen«, die in diesem Buch beschrieben werden, nicht bekannt waren, ließ sich eine solche Spekulation mühelos vom Tisch wischen. Denn für eine solche Anlage benötigt man bestimmte technische Voraussetzungen und die Möglichkeit der Energiegewinnung. Beides aber wurde dem alten Ägypten abgesprochen.

Gizeh – eine Generatorenanlage für Heliopolis?

Wie auch immer die Technik der Pharaonen und Priester ausgesehen haben mag, sie hätten demnach über die erforderliche Energie verfügen müssen, um mit dem »Himmel« sprechen zu können.

Heutzutage besitzen wir verschiedene Möglichkeiten der Energiegewinnung: durch Öl oder Gas, Wasser oder Wind, Atomspaltung oder Sonnenwärme. Von all diesen Methoden scheint mir die Gewinnung von Sonnenenergie die einfachste zu sein. Immerhin ist die Sonne der größte Energielieferant für die Erde. Warum also sollten die Priester von Heliopolis sich nicht die Energie der Sonne zunutze gemacht haben?

Es ist unstrittig, dass die Sonne von Anfang an in Heliopolis verehrt wurde. Auch im späteren Verlauf der ägyptischen Geschichte (siehe Anhang, S. 236), als man an anderen Orten verschiedene Gottheiten auf den Götterthron hob, blieb Heliopolis die Stadt der vergöttlichten Sonne. Liegt also in der überlieferten Verehrung des Sonnengottes in Heliopolis der eigentliche Schlüssel für eine bis heute noch nicht wieder entdeckte Methode der Energiegewinnung? Meiner Ansicht nach, ja, und die Fragmente aus der »Halle der Aufzeichnungen« (siehe Kapitel 10, S. 195) lassen einen solchen Schluss auch durchaus zu.

Wie bedeutsam das Zentrum Heliopolis gewesen sein muss, ersieht man auch aus den Reiseberichten von Herodot (zirka 490–425 v. u. Z.) und Plutarch (zirka 46–120). Ungefähr zwölftausend Priester sollen damals im und um den »Tempel des Benben« ihren Dienst versehen haben.

Wenn im heutigen Vatikan zwölftausend Menschen leben und arbeiten, wird kaum jemand diese Zahl sensationell finden. Die notwendige Infrastruktur ist in der Stadt Rom vorhanden. Die gleiche Menge Menschen dagegen vor Jahrtausenden auf einem Fleck zu konzentrieren, dort arbeiten zu lassen und zu versorgen, war eine Höchstleistung, die nur aus besonderen Gründen erbracht worden sein kann.

Der Benben-Stein von Heliopolis

Im Mittelpunkt der Verehrung stand in Heliopolis der so genannte Benben-Stein. Möglich, dass die Griechen später daraus den Omphalos machten, den »Nabel der Welt«, das symbolische Zentrum ihrer Orakelstätten. Was der Benben-Stein ursprünglich für eine Funktion hatte, ist nicht bekannt. Wo kam er her, wo befindet er sich jetzt? Man denkt unwillkürlich an die Spitzen der Cheops- oder der Chephrenpyramide sowie der Obelisken in Heliopolis, die bekanntlich allesamt fehlen oder als abgetragen gelten.

Texte, die den Benben-Stein beschreiben, verstärken die Vermutung, dass es einen Zusammenhang mit den Spitzen der Monumente gegeben hat. Der Legende nach war er das Objekt, auf das der erste Sonnenstrahl der Schöpfung fiel. Jeden Tag vollziehe sich ein ähnliches Schauspiel, wenn die Sonne aufgeht. Was immer sich auf den Pyramidenspitzen befunden hat, es könnte das Licht der Sonne in Richtung Heliopolis reflektiert haben, wo es von den Spitzen der Obelisken aufgefangen wurde.

Eine andere Version der Überlieferungen beschreibt den »Benben« als einen vom Himmel gefallenen Stein. Das erinnert an einen anderen Stein, der vom Himmel gefallen sein soll: Er wird in Mekka verehrt und soll dort von Abraham höchstpersönlich in der Kaaba eingemauert worden sein.

Fest steht auf jeden Fall: Irgendeine besondere Verbindung gab es zwischen Heliopolis und dem Himmel. So liest man im »Ägyptischen Totenbuch« über Heliopolis: »Siehe, der Sternenhimmel ist in Heliopolis.« Auf den ersten Blick könnte man meinen, dass sich dieser Hinweis einfach auf das himmlische Jenseits beziehe. Aber an einer anderen Stelle trägt das Oberhaupt der Stadt Heliopolis unter anderem den aufschlussreichen Titel »Oberhaupt der Astronomen«. Das könnte darauf hindeuten, dass der »Sternenhimmel« in Heliopolis eine astronomische Einrichtung war.

Ein Benu-Vogel gibt den Takt an

Es gibt noch eine weitere bemerkenswerte Überlieferung zu diesem Thema: Mit dem Benben-Stein verbunden ist der heilige Benu-Vogel, den die Griechen später Phönix nannten. Der Benu-Vogel verbrennt alle fünfhundert Jahre, um aus seiner eigenen Asche neu zu erstehen.

Den Ägyptologen bereitet der Benben bei der begrifflichen Zuordnung einige Probleme. Ihnen fehlt eine Systematik, die eine Gliederung der einzelnen symbolischen Aussagen erlauben würde. Ersatzweise haben sie den Begriff der »multiplicity of approaches«, der Vielfalt der Deutungen, geprägt. In diese Schublade wird nun all das gepackt, was sich widerspricht oder heutigem Schuldenken nicht akzeptabel erscheint. Hier liegt meiner Meinung nach eine der Schwierigkeiten, die zum schier unüberwindbaren Hindernis bei der Rekonstruktion der Vorstellungswelt alter Kulturen geworden sind: Aus Angst, gegen die herrschende Lehrmeinung zu verstoßen, verzichten die Nachkommenden auf die Formulierung karriereschädlicher Hypothesen.

Wer sagt uns überhaupt, dass dieser Stein wirklich Benben hieß? In Hieroglyphen geschrieben lautet der Name »bnbn«, denn Hieroglyphen berücksichtigen nur die Konsonanten. Wir wissen heute nicht, ob im Altägyptischen der Pyramidenerbauer »benben« die gleiche Bedeutung hatte wie »banban«, »binbin« etc. Aus Wortspielereien in Papyrusschriftrollen folgern Experten zudem, dass die Bedeutung von »bnbn« und »wbn« ähnlich oder identisch sein könnte. Was ist also ein »bnbn« in der blumigen Sprache des alten Ägypten? Hierüber erfahren wir nichts, denn die bisher älteste Beschreibung des »benben« von Heliopolis enthält der Papyrus Nummer 1652:

»Atum-Chepre,
Du wurdest hoch als Hügel,
Du gingst auf (wbn) als benben
Im benben-Haus (hwt-bnw) in Heliopolis.«

Als dieser Text entstand, waren die Pyramiden nach heutiger Ansicht schon rund zweitausend Jahre und der Kalender von Heliopolis mindestens dreitausendfünfhundert Jahre alt. Der Papyrus beschreibt demnach, was zu dieser Zeit in Heliopolis verehrt wurde – und nicht, was der Benben ursprünglich dargestellt hat.

Ein Urhügel aus Quarzsand
»Atum-Chepre« wird mit dem Urhügel, dem Symbol der Weltschöpfung, gleichgesetzt. Tatsächlich ist in Heliopolis ein solcher Urhügel archäologisch nachgewiesen. Ein interessanter Hinweis findet sich auch auf einer Stele: Dort wird der Urhügel als der »hohe Sand« in Heliopolis bezeichnet. Das veranlasst die Ägyptologen zu der Schlussfolgerung, dass der Urhügel als Schöpfungssymbol aus der Erfahrung der alljährlichen Nilüberschwemmung abgeleitet worden sein könnte. Bis in die Zeit vor dem Bau des Assuanstaudamms beobachteten die Bewohner, wie beim Rückgang

der Flut zuerst die fruchtbaren Inseln im Nil auftauchten, bevor die Wasser des gewaltigen Stroms das restliche Land wieder zur Bebauung freigaben.

Das Benben-Haus

Im Bezirk der Königinnenpyramiden des Pharaos Pepi I. (6. Dynastie) in Sakkara-Süd steht ein Obeliskenpaar mit Inschriften, die eine weibliche Form des Benben darstellen dürften: »bnbn.t« (».t« steht für das Femininum). So scheint aus dem Urhügel (in der maskulinen Form) die feminine Bezeichnung für die Spitze der Obelisken und Pyramiden hervorgegangen zu sein.

In einem der älteren Hinweise auf die Funktion des Benben wird der Stein als »der Brotlaib, der für das Haus des Sokar gedacht ist«, beschrieben. Im Chonstempel in Karnak, nahe dem heutigen Luxor, haben die Ägyptologen eine Anmerkung gefunden, die sich auf die heliopolitanische Ausdrucksweise zurückführen lässt: »Stätte des Aufsteigens«, und an einem anderen Obelisken: »Urstätte des Daseins«, was im Sinne von »Samenkorn« verstanden werden sollte.

In den anderen Sonnenheiligtümern entlang des Nils findet sich seltsamerweise kein Hinweis auf Heliopolis, woraus die Ägyptologen heute ableiten, dass der Benben eine Sonderstellung innehatte und nur in Heliopolis gehütet wurde oder – umgekehrt – dass er eine absolute Einmaligkeit darstellte, die es nur in Heliopolis geben durfte. So oder so war der Benben-Stein jedenfalls an einen bestimmten Ort gebunden. Tatsächlich hätte es wohl wenig Sinn gemacht, ein Objekt, das ausschließlich auf die Pyramiden von Gizeh ausgerichtet war, an einem anderen Ort nachzubauen, weil es dort gar nicht hätte »funktionieren«, also den gewünschten Effekt erbringen können.

Das Gebäude, in dem dieser Kultstein gehütet wurde, trug den Namen »Benben-Haus«. Das Benben-Haus war ein Teil des Sonnentempels von Heliopolis und galt als Wohnstätte des Phönix. Bei Ausgrabungen fand man auf einem Kalksteintäfelchen die Darstellung der möglicherweise ursprünglichsten Form des Sonnenheiligtums: einen hölzernen Mast mit oben aufgesetztem Querstück, also ein T-Kreuz. Bislang wird dies als die Sitzstange des Phönix gedeutet. Ich glaube jedoch, dass dieses T-Kreuz einen Bezug zum Pyramidenfeld von Gizeh herstellt. (Auf die Sitzstangen des Phönix komme ich gleich noch ausführlicher zurück.)

Abbildung 26: Die traurigen Überreste von Heliopolis. *Links* eine Sphinx aus Memphis. Es ist überliefert, dass auch in Heliopolis eine Sphinx stand.

Wundersame Wandlungen des Horus
Über die »Grundsteinlegung« zur Stadt des Sonnengottes gibt es keinerlei Berichte, dafür aber reichlich Spekulationen. Ich greife an dieser Stelle nur einige bemerkenswerte Überlegungen heraus:

Die Pyramiden von Gizeh und somit auch Heliopolis wurden viele tausend Jahre vor der heute bekannten 1. Dynastie der Pharaonen erbaut. Dieser »Ersten Zeit«, wie weit auch immer man diese Anfänge zurückdatiert, werden »Halbgötter« zugeordnet, die sich »Schemsu Hor« nannten. Diese »Gefolgsleute von Horus« galten als die Gründer von

Heliopolis. Demnach hätten sie auch die großen Pyramiden in Gizeh erbaut. Die »Schemsu Hor« galten auch als Lehrer der Menschen für alle Rätsel des Himmels, dessen Sinnbild der falkenköpfige Horus war. Folglich haben diese »Halbgötter« über ein spezielles Wissen verfügt, das sie als Lehrer an die Menschen weitergaben.

Im Lauf der Jahrtausende nimmt das Sinnbild des Himmels, Horus genannt, wechselnde Bedeutungen an. Steht Horus für ein bestimmtes technisches Wissen, das nach und nach verlorengegangen ist? Man sollte in Betracht ziehen, dass das Wissen der Gefolgsleute des Horus um die Gesetze von Physik, Chemie und Mathematik zu ihrer Zeit einen Höchststand hatte und dann mehr und mehr verflachte. Die Nachkommen der von der Ägyptologie festgelegten »ersten Generationen« verstanden die technischen Fähigkeiten der Vorfahren bereits nicht mehr, und das Erbe war vollends verloren, als die Ingenieure und Techniker der »Ersten Zeit« schließlich zu »Göttern« und »Halbgöttern« erhoben wurden.

Entsprechend änderten sich in der Beschreibung der Nachkommen die Fähigkeiten von Horus: Seine Qualitäten wurden dem verminderten Verständnis angepasst. Ein Gott, den man nicht versteht, wird leicht zum Götzen. Höchstes Ansehen erlangte Horus später als Symbol für die Sonne. Auch wenn uns für diese Einstufung aus der Ersten Zeit keine Gründe schriftlich überliefert sind, können wir davon ausgehen, dass die Sonne in der damaligen Wissenschaft und Technik eine besondere Rolle spielte. Das konnten auch spätere Anbeter des Horus akzeptieren, denn die Sonne ist nun mal Spender der Wärme und selbst in heutiger Zeit als Energiequelle akzeptiert. Doch durch die Gleichsetzung von Sonne und Horus sanken Naturgesetze und Techniken, die in der Ersten Zeit schon einmal beherrscht worden waren, auf die Stufe unbegriffener Götter hinab. Mit der Sonne identifiziert, verschmolz Horus in Heliopolis zudem mit Atum, dem Gott, aus dem alles hervorgegangen ist.

Im weiteren Verlauf seiner Entwicklung zum Gott wurde Horus zu dem (aus verschiedenen Gestalten zusammengesetzten) Sonnengott Re. Bis heute begegnet er uns – im Ägyptischen Museum oder auf Postkarten – symbolisch als Mensch mit Falkenkopf, der von der Sonnenscheibe und der Kobra beziehungsweise der Uräus-Schlange gekrönt wird. Merkmale, die auf eine Verbindung zu Heliopolis und dem Pyramidenplateau von Gizeh hinweisen, lassen sich nicht mehr auf den ersten Blick entdecken. Während die Verknüpfung von Heliopolis und Horus auch schriftlich überliefert ist, findet sich im Hinblick auf die Pyramiden diesbezüglich nichts – es sei denn, man blickt auf das Stirnband der Sphinx: Auch den Kopf des Menschtieres schmückte einst eine Uräus-Schlange, was man heute anhand des verwitterten Originals kaum mehr erkennen, jedoch auf alten Stichen noch sehen kann.

Warum aber sind auf dem Pyramidenplateau von Gizeh keine Hinweise auf Horus zu finden? Die Antwort wird viele Freunde der großen Pyramiden entrüsten: Weil die Pyramiden als zweitrangig im System und somit als Heliopolis untergeordnet galten.

Das Zentrum war Heliopolis. Die Anlage zur Energieverteilung und zur Heilung verschiedener gesundheitlicher Beschwerden jedoch stand im heutigen Gizeh und wurde von Heliopolis aus verwaltet und bedient.

Heliopolis – die Quelle aller Gottesverehrung

Ob vom alten Heliopolis ein Einfluss auf die heute gängigen Weltanschauungen ausging, kann man nur abschätzen, wenn man die Grundsätze und Kernstücke des dortigen Denkens betrachtet und in der übrigen Welt nach Ähnlichkeiten sucht.

Im Zentrum der dortigen Weltanschauung stand das hohe Ziel der Erneuerung nach dem symbolischen Vorbild des Phönix. Wohlgemerkt: Ich spreche hier von einer Priesterstadt, die mindestens sechstausendzweihundert Jahre alt ist. Solche Ideen und Überzeugungen finden sich heute in der Auferstehungslehre der Christen und der Reinkarnationslehre des Fernen Ostens, um nur die bekanntesten Glaubenssysteme anzuführen, die jedoch ein paar tausend Jahre später entstanden sind.

In Heliopolis wurde ein fester Zeittakt von etwa fünfhundert Jahren für einen Zyklus und somit für eine Erneuerung angegeben. Solche konkreten Zeitangaben lassen sich meines Wissens im Denken anderer Weltanschauungen nicht finden.

Wenn das Pyramidenfeld von Gizeh unter der Herrschaft der heliopolitanischen Priester stand und von ihnen verwaltet wurde, dann müssen dort die philosophischen Ansichten von Heliopolis bis heute zu erkennen sein. Folglich müsste sich auch das Erneuerungsmodell vom Typus »Phönix« in eine plausible Beziehung zum Pyramidenfeld von Gizeh bringen lassen.

Tatsächlich ist diese Handschrift der Denker aus Heliopolis auch heute noch, fast unzerstört, in Gizeh zu lesen. Um die Botschaft zu erkennen, muss man nur wissen, wie die Erzahnen der Ägypter gedacht und gesehen haben.

Noch bis in unser Mittelalter wurden auch im Gemäuer europäischer Burgen oder Kirchen wichtige Informationen nahezu unzerstörbar hinterlassen, indem man sie in den Grundmauern manifestierte. Kundige, die sich einen Plan der Grundmauern des betreffenden Bauwerks beschaffen konnten, erkannten sofort die geometrische Schrift des Baumeisters, falls eine solche vorhanden war. Dreiecke, Vierecke, Winkel und die Länge der Linien wurden entschlüsselt und konnten gelesen werden. Dass Gebäude geschleift wurden, kam häufig vor. Doch kaum jemand machte sich die Mühe, auch noch die Grundmauern aus der Erde zu reißen. Daher blieben auf diese Weise weitergegebene Botschaften, von Erdreich und Schutt zugedeckt, oftmals der Nachwelt erhalten.

Weitergehende Informationen versteckte man, indem man die Steine nach einem bestimmten Code zu Mauern zusammenfügte, wie ich es in meinem Buch »Die Johannes-Verschwörung«[10] beschrieben habe. Wurde das Mauerwerk zerstört, waren diese Botschaften allerdings verloren. Im Zierrat und im Ausbau des Gebäudes wurden weitere verschlüsselte Botschaften hinterlassen. Allein schon durch modische Veränderungen der Fassade und Überbauungen wurde dieser Teil des hinterlassenen Erbes jedoch immer wieder verfälscht und schließlich zerstört.

Die Idee, den Grundriss eines Gebäudes oder gar die Bebauung eines Geländes für codierte Botschaften zu verwenden, hat es offensichtlich schon bei den Ägyptern der Ersten Zeit gegeben. Diese Erkenntnis ermöglicht uns eine weitere Annäherung an die Geheimnisse des Plateaus von Gizeh.

---

[10] Manfred Dimde: *Die Johannes-Verschwörung.* München 2000

7

DIE GRÜNDE FÜR DEN BAU DER PYRAMIDEN

Schöpfungsmathematik

Im Mittelpunkt dieses Buches steht die Suche nach möglichen Gründen für den Bau einer vierten Pyramide von Gizeh. Betrachten wir hierfür nochmals die Überlieferung von der Entstehung der Neunheit von Heliopolis, die verblüffende Einsichten erlaubt, wenn man sie konsequent als Beschreibung eines Grundrisses liest.

Am Anfang war ein Chaos aus Urwasser. Für unsere Übersetzung der Schöpfungsgeschichte in geometrische oder architektonische Angaben benutzen wir einen Rahmen. In unserem Modell (siehe *Abbildung 27*) steht er, solange erforderlich, für das Unbegrenzte und/oder Unberechenbare, das die Ägypter NUN nannten.

Abbildung 27: Chaos oder das gleichmäßig Vermischte, das NUN.

Im Urwasser bildete sich ATUM. Wenn es Ihnen die Vorstellung erleichtert, dann stellen Sie sich vor, dass dieses ATUM der Anfang einer Abgrenzung innerhalb des Urwassers war (siehe *Abbildung 28*).

ATUM brachte aus sich die Gottheiten der Lüfte SCHU (S) und der Feuchtigkeit TEFNUT (T) hervor. Die Vierecke S und T sind in der nebenstehenden Skizze (siehe *Abbildung 29*) kleiner eingezeichnet, als sie in der Vorstellung sind. Tatsächlich füllen sie den inneren Rahmen gänzlich aus. Diese Darstel-

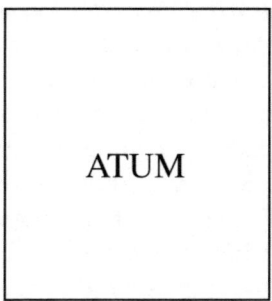

Abbildung 28: Erster Schöpfungsschritt in der Legende von Heliopolis: die Entstehung von ATUM.

lung würde den Erstbetrachter aber verwirren. Mathema-
tisch gesehen füllten SCHU und TEFNUT jeweils die Hälfte
von ATUM aus.

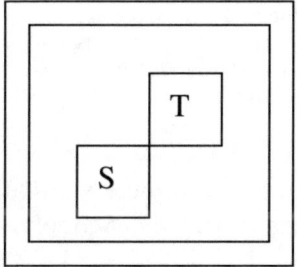

Abbildung 29: Zweiter Schöpfungsschritt: SCHU und TEFNUT bilden sich innerhalb des ATUM aus.

Wer dieses Bild für sich akzeptieren kann, sollte sich die
Chephren- und die Cheopspyramide aus der Vogelperspek-
tive ansehen (siehe *Abbildung 5, S. 23*). Vielleicht be-
schleicht den einen oder anderen bislang noch skeptischen
Leser hier doch eine erste Ahnung, dass das Pyramidenfeld von Gizeh kein Friedhof mit Totenhäusern war, sondern eine Darstellung der Schöpfungsgeschichte sein
könnte.

*Aus SCHU und TEFNUT gingen NUT (N) und GEB (G) hervor,
wobei NUT der Himmel und GEB die Erde ist.* Die beiden Felder S und T grenzen an die Felder G und N (siehe *Abbildung
30*). Hätte man diese an beliebige andere Seiten der Felder S
und T angrenzen lassen, dann wäre die Bedingung der
Schöpfungsgeschichte nicht erfüllt gewesen, denn dann
wären GEB oder NUT jeweils nur aus einem der beiden Teile
SCHU oder TEFNUT hervorgegangen.

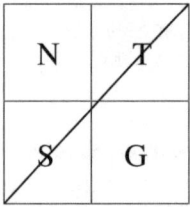

Abbildung 30: Dritter Schöpfungsschritt: Hier kann der Rahmen,
der für das Urwasser NUN steht, entfallen. Der Rahmen, der bisher
für ATUM stand, ist jetzt durch Begrenzungen von SCHU, TEFNUT,
NUT und GEB ausgefüllt. Die beiden bereits vorhandenen Felder
SCHU und TEFNUT wurden der besseren Übersicht wegen mit
einer Diagonale verbunden: S + T sowie G + N stehen miteinander
in Verbindung.

Merken Sie sich bitte, dass diese vier Qualitäten mit dem
dritten Schöpfungsschritt die Schöpfung innerhalb des
ATUM ausfüllen.

Die Diagonale in den beiden Kästchen T und S ist eine
Hilfslinie, um zu zeigen, was vor NUT und GEB schon vorhanden war. Diese Hilfslinie kennzeichnet auch die beiden
Felder, in denen die beiden großen Pyramiden von Gizeh
gebaut wurden.

*Aus NUT und GEB gehen ISIS, NEPHTHYS, OSIRIS und SETH
hervor.* Diese Ausdehnung, aber auch die Komprimierung ist
sozusagen nur geliehen. ISIS bekommt mit NEPHTHYS den
Gegenspieler, der sie nach einer bestimmten Dauer wieder
aufhebt. Das gilt auch für OSIRIS, er wird von SETH irgend-

wann »aufgehoben«, was in der Überlieferung mit »töten« beschrieben wird. Osiris und Seth sowie Isis und Nephthys gehören zusammen. Sie sind gleichberechtigt. So ist eine aus drei mal drei Feldern bestehende Figur entstanden. Innerhalb dieses Feldes besteht nur die in *Abbildung 31* skizzierte Konfigurationsmöglichkeit.

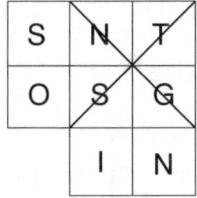

Abbildung 31: Vierter Schöpfungsschritt: Die Vierheit wird um die zwei Doppelfiguren OSIRIS/SETH (O/S) und ISIS/NEPHTHYS (I/N) erweitert.

Bei diesem vierten Schöpfungsschritt gibt es zwei Möglichkeiten: Einmal könnten die anstehenden Erweiterungen innerhalb des von der Vierheit ausgefüllten Raums erfolgen. Die Vierheit würde sich dann verdichten, also Platz machen für die hinzukommenden Qualitäten. Die andere Möglichkeit wäre eine Ausdehnung des bisherigen ATUM (Schöpfung) innerhalb des NUN (Urwasser, Chaos).

Ich habe mich in dieser Ableitung für die zweite Möglichkeit entschieden, in Übereinstimmung mit der wissenschaftlichen Erkenntnis, dass sich das Universum ausgedehnt hat (und immer noch ausdehnt). Zur besseren Orientierung habe ich NUN und GEB ebenfalls mit einer Diagonale versehen.

Bis hierher haben wir also die Entwicklung vom Ein-mal-eins-Feld im zweiten Schöpfungsschritt über zwei mal zwei Felder im dritten und nun drei mal drei Felder im vierten Schöpfungsschritt nachvollzogen. Der Grundsatz der Harmonie verlangt geradezu nach dem fünften Schöpfungsschritt (siehe *Abbildung 32*).

Osiris		
Horus	Isis	

Abbildung 32: Der fünfte Schöpfungsschritt komplettiert das Drei-mal-drei-Feld.

Aus OSIRIS und ISIS geht HORUS (H) im letzten der neun Felder hervor. Damit ist die Neunheit von Heliopolis entstanden und für unsere Augen sichtbar geworden.[11]

Nun lässt sich also konkret überprüfen, ob sich die Schöpfungsgeschichte von Heliopolis auf dem Pyramidenfeld von Gizeh widerspiegelt. Denn damit wäre zumindest ein ernst zu nehmendes Indiz gefunden, dass die Pyramiden von Gizeh und die Priesterhochburg Heliopolis in einem Zusammenhang gesehen werden müssen. Bitte vergleichen Sie selbst (siehe *Abbildung 33*, S. 126). Ich meine, dass die Übereinstimmung unverkennbar ist.

Die authentischen Namen der Pyramiden von Gizeh

Aus der Verbindung zwischen der Schöpfungsgeschichte von Heliopolis und dem Pyramidenplateau von Gizeh lassen sich die Namen ableiten, welche die Pyramiden dort sei-

---

[11] Das neunte Feld der Neunheit mit Namen Horus ergibt sich durch die Angrenzung an das Feld ISIS und an das Feld OSIRIS. So stimmt auch die verbale Beschreibung der Schöpfungsschritte mit der Visualisierung überein, wonach HORUS aus ISIS und OSIRIS hervorgegangen ist.

nerzeit trugen: Es waren die Namen der Götter beziehungsweise der Qualitäten, auf deren Feldern sie im Gitternetz des
symbolischen Schöpfungsmodells standen. Die Pyramiden
hießen also keineswegs Chephren oder Cheops. Vielmehr
tragen die schöpfungschronologisch ersten beiden Felder,
in denen auch die beiden großen Pyramiden stehen, die
Namen Schu und Tefnut. Die heute nach Mykerinos be-
nannte kleinere Pyramide heißt wie die Göttin ISIS, weil sie
außerhalb des Zwei-mal-zwei-Feldes steht, aber Bestandteil
des Drei-mal-drei-Feldes ist.

Die Pyramide des Osiris aber fehlt. Es ist die vierte Pyramide, von der ich behaupte, dass sie schon in grauer Vorzeit
wieder abgetragen worden ist, genau so, wie es in der Legende überliefert ist.

Exkurs: Die Mathematik der Wochentage

Die Neunheit von Heliopolis ist in fünf Schöpfungsschritten entstanden, nicht in deren sechs, wie in der
Bibel dargestellt. Daraus ergibt sich auch eine andere
Periode für das Zeitmaß, das wir Woche nennen. Wir
rechnen heute bekanntlich in sechs Schöpfungstagen
plus einem Ruhetag, was unserer Sieben-Tage-Woche
entspricht.

Eine hypothetische Heliopolis-Woche hätte dagegen
aus fünf oder sechs Tagen bestanden, je nachdem, ob
man einen Ruhetag akzeptiert. Für eine Umrundung
der Sonne (das Jahr) würde man bei einer Fünf-Tage-
Woche auf 73 Perioden und bei einer Sechs-Tage-
Woche auf 60,9, gerundet also 61 Perioden pro Jahr
kommen.

73×5 ergibt 365 Tage, es wäre in diesem System also
denkbar, dass während des Jahres Wochen zu fünf
Tagen gezählt wurden. 73 liegt sehr nahe der heiligen

Zahl 72, was sicher kein Zufall ist, denn noch im jüdischen Ritus spielt die Zahl 72 eine Rolle.

60,9 × 6 ergibt 365,4. Auch mit einer Sechs-Tage-Woche ließe sich also innerhalb des Sonnenjahres rechnen.

Die Neunheit von Heliopolis auf dem Pyramidenfeld von Gizeh

Überzeugen Sie sich nun bitte selbst davon, dass sich die Neunheit auf dem Pyramidenplateau von Gizeh widerspiegelt. In *Abbildung 33* habe ich über das Pyramidenfeld ein Drei-mal-drei-Gitter gelegt.

Um die beiden großen Pyramiden lässt sich hier unschwer ein Zwei-mal-zwei-Gitter konstruieren, in dem die beiden Pyramiden mittig in den Feldern stehen. Bei Erweiterung auf das Drei-mal-drei-Gitter hätten zwei weitere Pyramiden in der gleichen Größe wie die uns bekannten Pyramiden des Chephren und Cheops gebaut werden müssen. In beiden

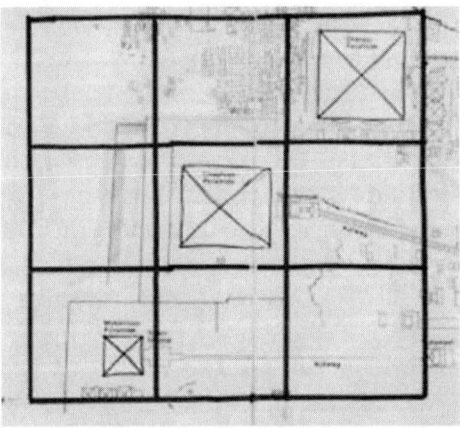

Abbildung 33: Das Pyramidenfeld von Gizeh. Eingezeichnet ist das Drei-mal-drei-Feld der Neunheit von Heliopolis.

Feldern befindet sich jedoch nichts, also nicht einmal der kleinste Hinweis, dass dort große Pyramiden gestanden haben könnten. Warum nicht? Die Antwort findet sich in den Schöpfungsschritten wie oben dargestellt: Sowohl Isis als auch Osiris sind keine permanenten Größen in der Gesamtschöpfung, sondern in ihrer Existenz zeitlich begrenzt, denn sie basieren auf der Ausweitung des Zwei-mal-zwei-Feldes zum Drei-mal-drei-Areal.

Im System der Neunheit stünde die Pyramide des Mykerinos also im Feld der Isis. Man sieht in *Abbildung 33* deutlich, dass diese Isis-Pyramide im Feld des Horus steht. Ferner erkennt man sofort, dass sie sich nicht in der Mitte des Feldes, sondern in dessen einer Hälfte befindet. Zur Herstellung der dualen Harmonie fehlt hier eine zweite Pyramide in der zweiten Hälfte des Horusfeldes.

Was mag dort also passiert sein? In der Götterlegende von Heliopolis heißt es bekanntlich, dass Osiris von Seth zerstört worden sei und seine Schwester Isis die Teile überall suche, um sie wieder zusammenzusetzen, damit er wieder leben könne. Also gibt es in der Überlieferung zumindest diesen einen Hinweis, dass innerhalb der Neunheit etwas zerstört worden ist.

Aus dieser Schöpfungsgeschichte lässt sich ableiten, dass es sich um eine Zerstörung nach dem Prinzip »Werde und Stirb« handelt. Wenn man das Zwei-mal-zwei-System als das stabile, in sich verklammerte ansieht und sich die Figur nach dem nächsten Schöpfungsschritt vor Augen hält, erkennt man, wie instabil sie dann ist. Demnach können Phänomene, die wir als Entstehen und Vergehen erkennen, nur außerhalb der Zwei-mal-zwei-Felder geschehen. Dort ist das Phänomen Zeit wirksam, das mit der Ausdehnung des Raums (von zwei mal zwei auf drei mal drei Felder) verbunden ist. Innerhalb des Zwei-mal-zwei-Feldes befindet sich alles in der Zeitlosigkeit oder in der ewigen Dauer.

Fünf neue Felder sind möglich, wenn man von dem Zwei-mal-zwei- auf das Drei-mal-drei-Feld erweitert. In der

Schöpfungsgeschichte von Heliopolis sind es Isis, Osiris und Horus, die »werden« wollen, und Seth sowie Nephthys, die das »Nicht-mehr-Sein« herbeiführen. Horus, das Kind von Isis und Osiris, trägt beide »in sich«, und zwar je zur Hälfte. In Horus sind somit die Fähigkeiten des Erkennens und Verstehens (Osiris) und des Fühlens (Isis) vereinigt. Umgesetzt auf das Pyramidenplateau bedeutet dies, dass auf dem Horusfeld zwei Pyramiden stehen müssten, die jede für sich kleiner als die beiden großen Pyramiden zu sein hätten.

Es steht dort aber nur eine Pyramide. Da stimmt also etwas nicht. Nach den Überlieferungen hat Osiris beim Kampf mit Seth ein Auge verloren. Wird in dieser Legende womöglich vom Verlust einer Fähigkeit erzählt? Hat dieses halbe Erblinden mit der Demontage der vierten Pyramide zu tun?

Oder macht es womöglich doch Sinn, dass im Horusfeld nur eine Pyramide gebaut worden ist? Nein, denn die Schöpfung ist in sich im Gleichgewicht, und die Priester von Heliopolis hätten niemals ein unvollkommenes Abbild der Schöpfung auf dem Pyramidenfeld erbaut. Sie haben dann wohl eher die Felder für Isis und Osiris frei gelassen, weil man sonst zwei weitere gleich große Pyramiden vom Typ der Chephren- oder der Cheopspyramide hätte bauen müssen. Demnach markierten sie das Horusfeld ursprünglich mit zwei Pyramiden, einer für den Anteil der Isis und einer für den Anteil des Osiris in Horus! Aus welchen Gründen auch immer wurde diese vierte Pyramide jedoch offenbar abgetragen. Dem Horus fehlte fortan ein Auge.

Al-Makrizi über den Pyramidenbau

Die Ursache der Erbauung der beiden Pyramiden war, dass dreihundert Jahre vor der Sintflut Saurid folgenden Traum hatte:

Die Erde kehrte sich mit ihren Bewohnern um, die Menschen flüchteten in blinder Hast, und die Sterne fielen herab, und einer (Stern) stieß gegen den anderen unter grauenhaftem Krachen.

Dies erfüllte ihn mit Kummer, und er erzählte niemandem davon. Er erkannte aber, dass in der Welt etwas von Bedeutung eintreten werde. Darauf träumte er einige Tage später: Die Fixsterne stiegen in der Gestalt weißer Vögel zur Erde nieder, entführten die Menschen und schleuderten sie zwischen zwei große Berge; die beiden Berge deckten sich über sie, und die leuchtenden Sterne wurden finster und dunkel.

Am Morgen versammelte er sodann die obersten seiner Wahrsager aus allen Provinzen Ägyptens – es waren ihrer 130 –, zog sich mit ihnen zu geheimer Besprechung zurück und erzählte ihnen seine beiden Träume. Da deuteten sie sie dahin, dass ein bedeutungsvolles Ereignis in der Welt eintreten werde.

Der Obere der Wahrsager aber sprach: »Die Träume der Könige sind wegen der Größe ihrer Macht nicht ohne Sinn. Ich will dem König von einem Traum berichten, den ich vor einem Jahre gehabt, aber noch niemandem erzählt habe. Mir träumte:

Ich saß mit dem König mitten auf dem Turm, der zu Amsus steht. Da senkte sich das Himmelsgewölbe herab, bis es unsern Köpfen nahe kam und sich über uns befand, wie wenn uns eine Kuppel umschlösse. Der König hob seine Hände zum Himmel empor, die Sterne aber hatten sich in mannigfaltigen und verschiedenartigen Gestalten auf uns gestürzt. Und da flohen die Leute voll Schrecken nach dem Schloss des Königs, ihn um Hilfe bittend; und er erhob seine Hände bis zur Höhe seines Hauptes und befahl mir ein Gleiches zu tun. Wir waren in gewaltiger Furcht befangen, da plötzlich sahen wir den Himmel an einer Stelle sich öffnen, ein strahlendes Licht trat hervor, und die Sonne ging über uns auf. Da flehten wir zu ihr um Hilfe, und sie sprach zu uns: ›Das Himmelsgewölbe wird an seinen alten Ort zurückkehren!‹ Da erwachte ich voll Schrecken. Dann schlief ich wieder ein und träumte:

Die Stadt Amsus kehrte sich mit ihren Bewohnern um, wobei die Götzenbilder auf ihre Köpfe fielen, und Männer stiegen vom Himmel herab, die eiserne Keulen in den Händen trugen und damit auf die Menschen einhieben. Als ich sie fragte: ›Warum tut ihr solches mit den Menschen?‹, erwiderten sie: ›Doch wenn einer gerettet werden will, so möge er sich an den Herrn des Schiffes halten.‹ Da erwachte ich voll Schrecken!«

Beratungen

Der König sagte darauf: »Nehmt die Höhe der Sterne und sehet, ob etwas Neues sich begeben wird!« – Und sie taten ihr Äußerstes, die Sache gründlich zu behandeln, und berichteten, die Sintflut werde kommen und danach ein Feuer, das aus dem Sternbild des Löwen hervorkommen werde, um die Welt zu verbrennen. Da befahl der König: »Sehet nach, ob dieses Unheil unser Land treffen wird!« – Sie antworteten: »Ja! Die Sintflut wird über seinen größten Teil kommen, und es wird von einer Verwüstung betroffen werden, die mehrere Jahre bleiben wird.« Da sagte er: »Dann sehet nach, ob es wieder blühen wird, wie vorher, oder ob es immer von Wasser überschwemmt bleiben wird!« Sie erwiderten: »Nein, unser Land wird wieder werden, wie es vorher war, und wird blühen!« – »Und was wird dann sein?« – »Ein König wird in das Land eindringen, der seine Bewohner töten und sich ihrer Habe bemächtigen wird.« – »Und was wird dann sein?« – »Ein missgestaltetes Volk wird von der Gegend des Nils her eindringen und den größten Teil des Landes beherrschen.« – »Und was wird dann sein?« – »Der Nil wird versiegen und das Land von Bewohnern leer werden.«

Bauauftrag

Da befahl er die Pyramiden zu bauen und Kanäle für sie herzustellen, durch die der Nil selbst zu einem bestimmten Ort gelangen und dann nach gewissen Punkten im Westlande und in Oberägypten fließen sollte; auch füllte er sie an mit Talismanen, Wundern, Schätzen, Götzenbildern und mit den Leichnamen ihrer Könige, und nach seinem Befehl an die Wahrsager verzeichneten diese darauf alles, was die Weisen gesagt hatten; es wurden an den Pyramiden und an ihren Decken, Wänden und Säulen alle Geheimwissenschaften, die die Ägypter für sich in Anspruch nehmen, aufgezeichnet und die Bilder aller Gestirne daran gemalt, auch wurden die Namen der Heilmittel verzeichnet sowie deren Nutzen und Schaden, dazu die Wissenschaft der Talismane, die der Arithmetik und der Geometrie und überhaupt ihre sämtlichen Wissenschaften, deutbar für den, der ihre Schrift und ihre Sprache kennt.

Hebetechnik

Als er die Erbauung der Pyramiden begann, ließ er mächtige Säulen aushauen, gewaltige Steinplatten hinbreiten, Blei aus dem Westlande holen und Felsblöcke aus der Gegend von Assuan herbeischaffen. Damit erbaute er das Fundament der drei Pyramiden: der östlichen, der westlichen, und der farbigen. Sie hatten beschriebene Blätter, und wenn der Stein herausgehauen und seine sachgemäße Bearbeitung erledigt war, so legten sie jene Blätter drauf, gaben ihm einen Stoß und bewegten ihn durch diesen Stoß um 100 Sahm (6 Ellen) fort, dann wiederholten sie dies, bis der Stein zu den Pyramiden gelangte.

Die Steinplatte aber breiteten sie hin, brachten in einem Loch in ihrer Mitte eine aufrecht stehende eiserne Achse an, legten dann eine andere, gleichfalls in der Mitte durchbohrte Platte darauf und ließen die Achse in diese hineingleiten. Drauf ließen sie Blei schmelzen und gossen es auf die Achse und rings um die Platte herum, symmetrisch und kunstgerecht, bis sie ganz vollkommen war.

Baubeginn

Sie begannen den Bau der Pyramiden unter einem günstigen Gestirn, über das sie sich geeinigt und das sie sich erwählt hatten; und als sie vollendet waren, ließ er sie von oben bis unten mit farbigem Brokat bekleiden und veranstaltete ihnen zu Ehren ein Fest, an dem alle Bewohner seines Reiches teilnahmen.[12]

Die Sitzstange des Horusfalken

Gehen wir die Frage aus einem anderen Blickwinkel noch einmal an. Hierfür kombinieren wir die Schöpfungsgeschichte innerhalb der Neunheit von Heliopolis (siehe *Abbildung 34*).

Skizze A zeigt die Felder, in denen Pyramiden gebaut wurden.

---

[12] Graefe, a. a. O.

Skizze B: Hier habe ich das neunte Feld, das Horusfeld, mit einem Kreis markiert.

Wenn wir die Felder der Isis und des Osiris, der Eltern des Horus, mit einer Diagonale verbinden, entsteht ein T-Kreuz (griechisch *Tau).* In der Christenheit ist dieses Symbol im so genannten Antoniuskreuz erhalten geblieben. Der waagerechte Querbalken liegt auf der oberen Spitze des senkrechten Balkens. Schon von den Urchristen in Alexandrien wurde diese Kreuzform favorisiert.

Skizze C: Hier wurden die Seiten des Feldes, die an das Isis- und das Osirisfeld angrenzen, durch eine zweite Linie angedeutet. Das ergibt eine Gabelform mit einem Kreis als Andeutung des Horusfeldes, des Feldes für den Verstand, die Intelligenz.

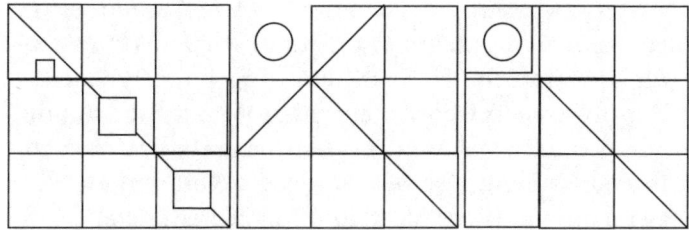

Abbildung 34: Skizze A Skizze B: Tau, T-Kreuz Skizze C: Tau, Ankh

Nach den Legenden von Heliopolis lässt sich der Phönix-Vogel auf einem Tau nieder, wie wir es in Skizze B *(Abbildung 34)* sehen. So gesehen wäre die Diagonale aus den Feldern der Isis und des Osiris die Sitzstange, die Horus benutzt.

Wer in Skizze C *(Abbildung 34)* eine Ähnlichkeit mit dem ägyptischen Zeichen Ankh erkennt, liegt richtig und hat den Zusammenhang der Schöpfungsgeschichte mit der Darstellung auf dem Pyramidenplateau von Gizeh hergestellt: Die Hieroglyphe »Ankh« steht für »Leben« und symbolisiert den „Lebenshauch", den die Götter an den Pharao weitergeben. Das geheimnisvolle Ankh-Zeichen wurde auch außerhalb Ägyptens verwendet. So wird etwa die Göttin Tan oder Tanit mit ausgebreiteten Armen dargestellt. Wir finden sie in Babylon und Karthago (siehe Kapitel 9, S. 157).

Al-Makrizi über die Sintflut

Wir betrachteten, was die Sterne ankündigten, und sahen, dass ein Unheil vom Himmel herabkommen und aus der Erde hervordringen werde; und als uns klar geworden war, dass das Ereignis eintreten werde, schauten wir nach, was es sei, und fanden, dass es eine Wasserflut sei, die über die Erde und alles Lebendige und alle Pflanzen auf ihr Verderben bringen werde. Als wir nun zu der sicheren Erkenntnis gelangt waren, sprachen wir zu unserem König Saurid: »Lass uns ein Grab für Dich und ein Grab für Deine Angehörigen bauen.« Dann verzeichneten wir auf ihren Wänden die Kunde von den Geheimnissen der Gestirne und den Ursachen ihrer Veränderungen sowie von den Fertigkeiten, der Geometrie und der Medizin und anderem derart, was nützt und schadet, der Quintessenz nach klar für den, der unsere Sprache und Schrift kennt.

Diese Katastrophe wird die ganze Welt treffen. Das wird geschehen beim Eintritt des Herzens des Löwen in die erste Minute des Hauptes des Krebses. Die Sterne werden, wenn es dort eintritt, an folgenden Punkten des Himmels stehen:

Die Sonne und der Mond in der ersten Minute des Hauptes des Widders, Saturn auf 1 Grad 28 im Widder, Jupiter in den Fischen auf 29 Grad 28 Minuten, Mars in den Fischen auf 29 Grad 3 Minuten, Venus in den

Fischen auf 28 Grad und einigen Minuten, Merkur in
den Fischen auf 27 Grad und einigen Minuten und al-
Gauzahar in der Waage. Das Apogäum des Mondes wird
im Löwen auf 5 Grad und einigen Minuten liegen.
Darauf schauten wir nach, ob nach diesem Unheil
noch ein Ereignis kommen werde, das Unglück über die
Welt bringe, und wir erkannten aus den Sternen, dass
eine Katastrophe vom Himmel auf die Erde herabkommen und dass es das Gegenteil der ersten Katastrophe
sein werde, und zwar ein Feuer, das die ganze Welt verbrennen werde. Als wir darauf nachschauten, wann
sich dies verderbliche Ereignis begeben werde, sahen
wir: Es wird stattfinden, wenn das Herz des Löwen in
die letzte Minute des 13. Grades des Löwen eintritt.
Und es wird die Sonne mit ihm in einer Minute stehen,
verbunden mit Saturn, der um 120 Grad entfernt im
Schützen steht; Jupiter wird im Anfang des Löwen stehen, am Ende seiner Konjunktion mit Mars auf 1 Grad.
Der Mond wird im Wassermann, der Sonne gegenüber
stehen, zusammen mit ad-Danab auf 22 Grad, und es
wird eine gewaltige Verfinsterung der Sonne stattfinden. Merkur wird in seiner größten Entfernung vor ihr
stehen. Was Venus anlangt, so wird sie rechtläufig, was
Merkur anlangt, so wird er rückläufig sein.
Als nun der König fragte: »Habt ihr nicht noch etwas
anderes als diese beiden Katastrophen zu verkünden?«,
da erwiderten sie: »Wenn das Herz des Löwen $^2/_3$ des
sechsten Teiles seiner Umläufe durchlaufen haben
wird, wird alles, was sich auf Erden an Lebendigem bewegt, der Vernichtung anheimfallen; und wenn es
seine Umläufe vollendet haben wird, werden sich die
Verbände des Himmelsgewölbes auflösen und es wird
auf die Erde herabstürzen!« Da fragte er sie: »Und welcher Tag wird es sein, an dem das Himmelsgewölbe aus

den Fugen gehen wird?« Und sie antworteten: »Der
zweite Tag, nachdem sich das Himmelsgewölbe zuerst
bewegt haben wird.« Das war der Inhalt der Papyrus-
rolle.[13]

---

[13] Graefe, a. a. O.

8

DIE ZERSTÖRUNG
VON HELIOPOLIS

Niedergang und Rettungsversuche

Die Priesterstadt Heliopolis teilt das Schicksal anderer Kult-
zentren, die in der Vorzeit entstanden waren, etwa Karthago
und Babylon. Sie alle wurden von den jeweiligen Eroberern
verunglimpft und systematisch in die Vergessenheit gestoßen, um die eigenen, neuen Weltanschauungen dauer-
haft in der unterworfenen Bevölkerung durchzusetzen.
Ein christlicher Missionar, den ich während meiner Recherchen zu einem anderen Buch in einem ehemaligen Ost-
blockland traf, sagte mir im Gespräch, dass erfahrungs-
gemäß nach fünf Generationen keine Rückkehr zum alten
Glauben eines Volkes mehr möglich sei. Er und seine
Freunde versuchten damals, die Bevölkerung ihres Landes
vom Kommunismus zum Katholizismus zurückzuführen.
In diesem Fall hatten sie es leichter, denn sie mussten
nur an das katholische Gedankengut der Großeltern erinnern.

Anders in den alten Hochkulturen: Nach deren Niedergang musste sich ein neues, vielleicht nicht einmal ausge-
gorenes und in sich gefestigtes Gedankengut gegen das vier-
tausendjährige Heliopolis oder das ebenso alte Babylon im
Osten durchsetzen. Um diesen Zweck zu erreichen, benö-
tigten die neuen Herren schon andere Vorgehensweisen
und Waffen.

Als Erstes wurden alle Vordenker der alten Kultur getötet.
Dann zerstörte man ihre Einrichtungen, damit sich kein
regenerierter Rest zu neuer Blüte erheben konnte, und
schließlich griff man zu den Mitteln der Verunglimpfung,
damit die letzten Wurzeln des alten Glaubens und Denkens
aus den Köpfen der Rebellen im Untergrund herausgerissen
werden konnten. Babylon und Karthago wurden von den
Wortführern der neuen Religionen beschuldigt, ihren Göttern Menschen geopfert und alle Grausamkeiten begangen
zu haben, die im durchschnittlich empfindenden Menschen Abscheu und Hass erregen. Parallel ging es auch um

die schriftlichen Zeugnisse: Je bedeutsamer ein Zentrum einst war, desto mehr Erinnerungsstücke oder Dokumente aus der Vergangenheit wurden dort verwahrt. Das Rezept war auch hier einfach: verbrennen. Das ist das bewährte Vorgehen, zu dem später Christentum und Islam griffen und vor dem man auch im Hause Abrahams nicht zurückschreckte.

Und wie ging es auf der anderen Seite zu? Die ausersehenen Opfer, zumindest deren Anführer, sahen das Desaster zweifellos heraufziehen. Sowohl in Babylon als auch in Heliopolis und Karthago wurden die wichtigsten Dokumente, rituelle Gegenstände etc. heimlich fortgeschafft und sicher versteckt. Jahrhunderte vergingen. Erst als die radikalen Ansichten der Eroberer einer bedachteren und weniger zerstörerischen Vorgehensweise gewichen waren, wurden die von der Bevölkerung aufgefundenen, mehr oder minder unverständlich gewordenen Fragmente der alten Kultur in die Archive des neuen Kults überführt.

In Ägypten begann der Verfall der Priesterstadt Heliopolis bereits kurz nach Ramses II. In der Epoche zwischen 1200 und 550 v. u. Z. versuchten die Priester von Heliopolis ihr Wissen an Nichtägypter weiterzugeben. Ein Beispiel hierfür ist Pythagoras, aber auch Schüler aus Karthago weilten seinerzeit in Heliopolis. Die dortige Priesterschaft hütete die Reste der vierten Pyramide, bewahrte die mündliche Erklärung des dort verwahrten Materials auf und die Regeln für die Weitergabe des Wissens. So hat etwa Pythagoras keine schriftlichen Aufzeichnungen hinterlassen, dafür aber mathematische Formeln wie $a^2 + b^2 = c^2$. In dieser Formel findet man eine ganze Bibliothek komprimiert, wenn man die entsprechenden Vorlagen aus der »Halle der Aufzeichnungen« untersucht (siehe Kapitel 10, S. 195).

Die Zerstörung der Bausubstanz des Urhügels und der Tempelanlagen von Heliopolis begann mit der Ankunft der Perser 525 v. u. Z. und wurde in mehreren Schritten bis um das Jahr 400 u. Z. fortgesetzt, später unter griechischer und

römischer Ägide, auch noch unter christlicher Herrschaft.
Was bis dahin nicht dem Erdboden gleichgemacht war, verfiel weiter und wurde im letzten Jahrtausend weitgehend
durch arabische Besiedlung überbaut.

Während dieser Jahrhunderte und Jahrtausende gab es
immer wieder Menschen, die retten, erhalten und die Reste
bewahren wollten, ob Griechen oder Römer, Christen oder
Muslime. Die Spuren der Bemühungen vor 525 v. u. Z. kann
man heute verfolgen, wenn man lernt, wie die alten Ägypter zu sehen, denn die damaligen Retter hatten keine Vorstellung davon, dass der Niedergang von Heliopolis so radikal erfolgen würde.

Was gerettet werden konnte
Damit Sie besser verstehen, was zu retten war und was ge-
rettet werden konnte, hier eine sicherlich unvollständige
Übersicht:

• Überlieferungen zum Anfang der alten Kultur,
• technische Einrichtungen,
• Formeln und Hinweise zum Verständnis der Chemie,
• Gesetzmäßigkeiten zum Verständnis der Physik,
• Merkwürdigkeiten und Hinweise zur Mathematik des
  Atum innerhalb des Universums (Nun).

Wir sollten uns mit dem Gedanken anfreunden, dass es in
allen Zentren der alten Zeit anfänglich weniger um Glau-
bensdogmen ging als um das Verständnis der Zusammenhänge im Universum. Die Reste aus der »Halle der Aufzeichnungen« (siehe Kapitel 10, S. 195) sind Beweis genug
für diese Ansicht. Wenn wir die Bedeutung dieser Fragmente erst einmal erkannt haben, werden genügend Auto-
ren weitere Beweise für meine Überzeugung suchen und
finden. »Hallen der Aufzeichnungen« hat es auch in Babylon und an anderen Orten zwischen Euphrat und Nil gegeben. Vieles spricht dafür, dass diese Hallen im Osten – aus

welchen Gründen auch immer – nicht bis in unsere Zeit erhalten werden konnten.

Als das überlieferte Wissen im alten Ägypten verlorenging beziehungsweise unverständlich geworden war, wurde es durch Glauben an die Überlieferungen ersetzt. Das war der Anfang der Verleugnung oder der Verleumdung. Ab diesem Zeitpunkt wuchs auch die Gefahr, dass durch plötzliche Offenlegung alter Dokumente die neue Weltanschauung in Frage gestellt werden konnte.

Dürftige Ergebnisse der offiziellen Forschung

Da die Ägyptologie der letzten zweihundert Jahre die einzige Quelle ist, aus der wir etwas über das alte Heliopolis erfahren können, habe ich hier alles Wissenswerte zusammengetragen, was mir hierzu bei meinen Recherchen begegnet ist. Die Ergebnisse sind dürftig genug. So vermutet die offizielle Forschung, dass

- es zwei Haupttempel auf dem Gelände von Heliopolis gab,
- der Tempel des Reharachte und der des Atum auf einer Grundfläche von etwa neunhundert mal tausend Metern standen,
- das Areal von einer über sechzig Meter dicken Ziegelumwallung eingefasst war und ein Ost- und ein Westtor besaß.

Unbekannt ist,

- aus welcher Zeit die etwa fünfhundert Meter lange Sphinx-Allee stammte, die wahrscheinlich zu dem nach Westen blickenden Atum-Tempel führte,
- ob der Reharachte-Tempel – wohl nach Osten, der aufgehenden Sonne entgegenblickend – mit dem Rücken gegen den Atum-Tempel stand oder in der nördlichen Hälfte der großen Umwallung lag.

Bekannt ist dagegen, dass

- einer der beiden Tempel, vermutlich der des Reharachte, drei Pylonen mit drei Höfen aufwies, was aus einem Papyrus aus der ägyptischen Spätzeit hervorgeht. Der Tempel stammt wahrscheinlich aus der 25./26. Dynastie;
- der Urhügel von Heliopolis künstlich mit Sand aufgeschüttet worden war: Die Archäologen wissen bis heute nicht, ob nur der Atum-Tempel oder auch der des Reharachte auf dem künstlichen, flachen Hügel stand;
- der Urhügel von einer Ringmauer umgeben und als Plateau angelegt war;
- dieses Plateau inschriftlich als »Hoher Sand« bezeichnet wurde;
- das berühmte Benben-Haus von Heliopolis ein frei stehender Bau war.

Aus der Reisebeschreibung von Strabo (um die Zeitwende)

Hier stand wohl in einem offenen Hof als Kultmal der Benben-Stein. An jedem Sonnenaufgang, wenn die ersten Sonnenstrahlen die vergoldete Spitze des Benben trafen und sich der Sonnengott hier niederließ, wurde hier die ewige Wiederholung der Weltschöpfung begangen. Nach einer anderen Mythe ließ sich hier, aus einem fernen Gottesland kommend, der stets wiedergeborene Phönix nieder, der damit das Erscheinen des Urgottes auf dem ältesten Land darstellte.[14]

In jüngerer Zeit wurde außerdem bekannt, dass in der sechzig Meter dicken Hügelumwallung Fragmente einer Kapelle

---

[14] Graefe, a. a. O.

des Königs Djoser aus der 3. Dynastie mit der ältesten Darstellung der Götterneunheit von Heliopolis gefunden wurden. Dies deutet auf einen Zusammenhang zwischen Memphis und der dortigen Stufenpyramide und im weitesten Sinne auch dem Pyramidenfeld von Gizeh hin, wenn wir akzeptieren, dass die Götterneunheit dort symbolisch verwirklicht wurde.

Befand sich die »Halle der Aufzeichnungen« unter dem Urhügel?

Die Oberfläche des künstlich aufgeschütteten Urhügels überragte den Sockel des Obelisken von Sesostris I. um 3,3 Meter. Pharao Sesostris I. weihte der Gottheit Amun zahlreiche Bauwerke, darunter auch einen Tempel in Heliopolis, von dem jedoch nur dieser eine Obelisk erhalten geblieben ist. Man nimmt an, dass der Urhügel nicht nachträglich um dieses Bauwerk herum aufgeschüttet, sondern der Tempel in den bereits vorhandenen Hügel »eingesenkt« wurde. Damit kommen wir zu der Frage: Was befand sich unter dem Urhügel?

Archäologen haben den künstlichen Hügel um die Jahrhundertwende untersucht, so gut es unter den damaligen Verhältnissen möglich war, und in seinem Inneren eine Vielzahl von Ziegelgewölben gefunden. Was wurde in diesen Gewölben aufbewahrt? Wurde darin gearbeitet oder gewohnt? Barg eines dieser Gewölbe die »Halle der Aufzeichnungen«, die um 1355 im Auftrag von Sultan Hassan abgetragen und in seiner Moschee gesichert wurde? Da der Urhügel der heiligste Ort innerhalb der heiligen Stadt Heliopolis war, spricht einiges für diese Vermutung.

Eine weitere bauliche Besonderheit von Heliopolis waren die Obelisken. Zur Glanzzeit der Stadt waren die beiden Tempel von mindestens sechzehn Obelisken umgeben. Diese »Nadeln der Kleopatra«, wie die Briten sie scherzhaft nennen, wurden später auf die Hauptstädte der halben Welt verteilt, unter anderem auf London, New York und Rom.

Auch über die Herkunft der steinernen Säulen mit den pyramidenförmigen Spitzen weiß man heute nur noch wenig. Der älteste uns bekannte Obelisk von Heliopolis, das Oberteil eines ehemals nur drei Meter hohen Denkmals, wird auf König Teti aus der 6. Dynastie zurückgeführt. Sesostris I. (um 1855 v. u. Z.) errichtete anlässlich seiner Amtseinführung einen neuen Reharachte-Tempel in Heliopolis. Bei dieser Gelegenheit stiftete er für den benachbarten, damals gleichfalls erweiterten Atum-Tempel ein Paar 20,41 Meter hoher Obelisken aus Assuangranit.

Bedenken wir bitte, dass Heliopolis zur Zeit von Sesostris I. schon um die 4400 Jahre alt war – das ist sehr viel Zeit, um zu experimentieren, Erfahrungen zu sammeln, weiterzugeben und eine dort möglicherweise vorhandene technische Anlage zu perfektionieren.

Die Frage lautet also nicht nur: Was mögen die vielen Gewölbe unter dem Plateau des Urhügels von Heliopolis beinhaltet und welcher Funktion mögen sie gedient haben? Konkreter wäre vielmehr zu fragen: Wie funktionierte dieses unterirdische System möglicherweise in Verbindung mit den zahlreichen Obelisken? Wir haben dort ein Zusammenspiel von Tonnen feiner Quarzkörnchen und wie Antennen in den Himmel ragender Monumente vor uns. Zweifellos wurden die beiden gewaltigen Obelisken, die der mächtige Pharao Sesostris I. stiftete, so aufgestellt, dass sie mit der bedeutsamsten Einrichtung der Stadt korrespondierten – also vor oder in der »Halle der Aufzeichnungen«.

Was genau befand sich in dieser »Halle der Aufzeichnungen«? Meiner Ansicht nach handelt es sich um steinerne Tafeln, auf denen uraltes Wissen aus der »Ersten Zeit« weitergegeben wurde. Die meisten dieser Platten waren aus Assuangranit gemeißelt und vermutlich Kopien der langsam verfallenden Originale aus der vierten Pyramide von Gizeh. Ein Teil von ihnen befindet sich heute in der Sultan-

Hassan-Moschee (siehe Kapitel 10, S. 195), andere Bruchstücke wurden, möglicherweise als Reliquien, in den Tempeln entlang des Nils eingebaut, und einige Stücke finden
sich heute im Ägyptischen Museum in Kairo.

Von den Hütern des Geheimen

Wie hat man sich das praktisch vorzustellen, wenn über Jahrhunderte und Jahrtausende geheime Überlieferungen im
Verborgenen weitergegeben und aufbewahrt werden? Die
Neugierde ist sofort geweckt, sobald von solchen Geheimnissen und von Menschen die Rede ist, die sich heimlich
treffen, um ungesehen und ungehört über verborgene Aktivitäten zu sprechen. Häufig werden diese Akteure in einem
Atemzug mit politischen Umstürzlern genannt. Dieses
schlechte Image, dem sie selten entgehen können, obwohl
sie keine weltliche Ordnung in Frage stellen wollen, bestimmt seit je ihr Tun. »Salons der Nacht« nannte man im
alten England einst die geheimen philosophischen Zirkel.

Mitglieder von Geheimgesellschaften werden oftmals
auch in Rituale eingebunden, dann nämlich, wenn man
schriftliche Aufzeichnungen vermeiden will. In diesem Fall
geht es darum, die Bedeutung von Symbolen und genaue
Informationen von Generation zu Generation weiterzugeben. Viele Geheimgesellschaften existieren auch heute
noch, obwohl sie nichts »Geheimes« mehr zu hüten oder zu
bewahren haben. Manchmal ist es nur der Nervenkitzel,
eine Kapuze zu tragen, der diese Zirkel zusammenhält.

Wie aber ergeht es denjenigen, die wirklich noch etwas zu
bewahren haben? Sie werden verfolgt, auch heute noch.
Eine solche lebende Kette der Weitergabe von Generation
zu Generation funktioniert nur, solange die weltliche Ordnung intakt ist, in der sie begründet wurde. Doch ob nach
hundert, fünfhundert oder zweitausend Jahren, irgendwann bricht jedes politische System zusammen. Dann

funktioniert die Weitergabe nicht mehr richtig, und innerhalb der Geheimgesellschaften kommt es zur Krise. Irgendwann merken die letzten Glieder einer solchen Stafette des Wissens, dass auf dem Weg zu ihnen Inhalte verlorengegangen oder unverständlich geworden sind.

Diese Situation ist in meinen Augen die gefährlichste, weil nun meist Geheimnisse konstruiert werden, um die lückenhaft gewordenen Überlieferungen zu ergänzen. Die Verwirrung steigt von da ab unvermeidlich. Daher kommt es für jede Geheimgesellschaft darauf an, diesen Verschleiß der Informationen aus der Vergangenheit aufzuhalten oder das überlieferte Wissen zu regenerieren. Hierzu ein Beispiel aus unserer Zeit.

Die Aufgabenstellung lautet: Der Nachwelt sei zu hinterlassen, wie man eine Rakete baut, mit der Menschen unseren Mond erreichen und wieder zur Erde zurückkehren können. Der einfachste und beste Weg wäre, die Pläne aller Einzelteile luft- und wasserdicht in einen Container zu packen und an einem möglichst sicheren Platz zu deponieren. Man könnte drum herum außerdem ein Kultsystem komponieren, also den Container zu einem Altar oder einer NASA-Lade mit heiligem Inhalt erklären und dann die Sache sich selbst überlassen.

Was würde vermutlich passieren? Einer ersten Phase des Gehorsams gegenüber dem Gebot, den Container zu hüten und zu bewahren, folgt ein Zeitraum der Neugier. Die obersten Hüter werden Gründe suchen und finden, warum sie heimlich die Inhalte des Containers ansehen müssen. Von da an gibt es Menschen, die den Inhalt kennen, und andere, die nichts davon wissen: Die Geheimgesellschaft ist geboren. Das ist jedoch auch der Augenblick, mit dem die Zerstörung des Inhalts beginnt. Mitglieder von Geheimgesellschaften werden es nicht gerne zur Kenntnis nehmen, aber sie selbst zerstören letztlich meist mehr, als sie erhalten.

Eroberer und Schatzräuber werden den Container öffnen, weil sie in ihm materielle Werte vermuten. Anführer von

Weltanschauungen werden den Container verdammen, jede Variante bis hin zur vollständigen Zerstörung ist möglich. Wie dürfte das Ende unseres Containers wohl aussehen, wenn er nicht ohnehin zerlegt wird? Irgendwann, vielleicht nach hundert Generationen, wird er, seines Inhalts längst entleert, als Heiligenschrein, Tempelbestandteil oder Grabstatt dem höchsten Würdenträger der Geheimgesellschaft dienen. Und sein einstiger Inhalt? Vermutlich werden die Mitglieder der Geheimgesellschaft, die sich um ihn herum gebildet hat, diese Inhalte »in Sicherheit« gebracht haben. Das bedeutet in der Regel: Sie wurden als Reliquien über das ganze Land und das ganze Volk verstreut.

Nicht anders wird es mit der einst auf dem Pyramidenfeld von Gizeh befindlichen vierten Pyramide gewesen sein. Was genau ist aus ihr selbst, was aus ihrem Inhalt geworden? Was immer in der vierten Pyramide aufbewahrt worden war, es muss von größter Bedeutung gewesen sein. Und ähnlich wie in unserem Container-Beispiel müssen wir versuchen zu rekonstruieren, wo der Inhalt der abgetragenen Pyramide in der Zeit danach verwahrt worden ist.

Die »Halle der Aufzeichnungen«

Der Amerikaner Edgar Cayce, ein hochbegabtes Medium, bezeichnete das Depot für den Inhalt der vierten Pyramide als »Halle der Aufzeichnungen«. Mir hat dieser Ausdruck auf Anhieb gefallen, denn er umschreibt treffend, was ich in der Sultan-Hassan-Moschee vorgefunden habe: technische Pläne, Darstellungen chemischer Formeln und Prozesse sowie Abbildungen der zugehörigen Gerätschaft.

Das Alter der »Halle der Aufzeichnungen«

Die Periode, in der die vierte Pyramide abgetragen worden ist, lässt sich zumindest annähernd festlegen. Die Abbildung auf der eingangs dieses Buches erwähnten Vase, die rund fünftausend Jahre alt ist, zeigt vier Pyramiden (siehe *Abbildung 1*, S. 14).

Nach der zur Zeit herrschenden Lehrmeinung wurden die drei vorhandenen Pyramiden von Gizeh im frühen dritten Jahrtausend vor der Zeitwende erbaut. Sie wären demnach etwa so alt wie jene Vase. Wenn zum damaligen Zeitpunkt vier Pyramiden auf dem Pyramidenfeld standen, stellt sich die Frage: Ab wann waren es nur noch drei? Trotz intensiver Recherchen während der letzten zehn Jahre habe ich keine einzige Darstellung von vier Pyramiden auf Papyri oder an Tempelwänden gefunden. Das lässt darauf schließen, dass die vierte Pyramide schon kurz nach dem Bau (allenfalls nach einigen hundert Jahren) wieder demontiert worden ist und dass es danach offenbar ein Sakrileg war, dieses vierte Bauwerk überhaupt noch zu erwähnen.

Sintflut und Pyramidenbau

Ein weiterer Grund, warum wir nichts mehr von der vierten Pyramide wissen, könnte das wahre Alter der Pyramiden sein, die höchstwahrscheinlich zu einem sehr viel früheren Zeitpunkt erbaut worden sind, als die offizielle Ägyptologie wahrhaben will. Möglicherweise wurden die Pyramiden sogar vor der Sintflut erbaut, die sich nach plausiblen Berechnungen um 10 500 v. u. Z. ereignete.

Wenn wir davon ausgehen, dass die vier Pyramiden insgesamt als eine Anlage fungierten, deren genauen Zweck wir bis heute nicht kennen, dann liegt die Annahme nahe, dass auf dem Pyramidenfeld oder im Umkreis der Anlage irgendwann Effekte aufgetreten sind, die von den Menschen damals nicht akzeptiert, gewünscht oder ertragen wurden. Dies könnte auch mit den Folgen der Sintflut zu tun haben, selbst eine Verschiebung der Erdachse wäre denkbar. Woran auch immer es lag, möglicherweise war eine Fehlfunktion der Anlage eingetreten, die schließlich zum Abschalten durch Demontage der vierten Pyramide führte – ähnlich, wie wir in heutiger Zeit mit Atomkraftwerken verfahren: Im ersten Schritt werden sie stillgelegt, im zweiten abgerissen. Nicht anders haben die Pharaonen und Priester in Gizeh vermutlich ein Energiezentrum stillgelegt.

Nach allen mir bis heute vorliegenden Informationen war die vierte Pyramide das entscheidende Bauteil vor Ort. Daher wurde es demontiert, um sicherzustellen, dass die Anlage nicht mehr in Betrieb genommen werden konnte. Das muss irgendwann vor dem Jahr 600 v. u. Z. geschehen sein. Schon die ersten griechischen Reisenden, die um diese Zeit nach Ägypten kamen, erfuhren nichts mehr von der einstigen Existenz einer vierten Pyramide.

Einige Bruchstücke aus der vierten Pyramide

Wohin wurden die Wissensschätze aus der vierten Pyramide verbracht? Ein Teil scheint, wie gesagt, in das Verwaltungszentrum der Pyramiden nach Heliopolis geschafft worden zu sein, wo man die Kostbarkeiten vermutlich im Gewölbe unter dem Urhügel deponierte. Weitere Teile wurden wohl nach Memphis gebracht. Einiges wurde auch zur Verzierung der Chephrenpyramide und der Tempel auf dem Pyramidenfeld verwendet. Nach der Zerstörung von Heliopolis hielt man die verbliebenen Bruchstücke offenbar rund zweitausend Jahre lang an unbekannten Orten versteckt, ehe die Hüter der Geheimnisse sich entschlossen, sie für den Einbau in die Sultan-Hassan-Moschee freizugeben, um sie auf diese Weise vor der Vernichtung zu retten.

Weitere Bruchstücke wurden schon viel früher in Tempeln der damaligen Zeit verbaut, etwa im Tempel von Abydos. Dort befinden sich heute Tempelreste aus der Zeit der Pharaonen Sethos I. und Ramses II., also um 1300 v. u. Z., als die vierte Pyramide vermutlich schon nicht mehr gestanden hat. Abydos war übrigens der Hauptkultort und offizielle Begräbnisplatz des Osiris, jenes Gottessohnes also, dessen Pyramide höchstwahrscheinlich auf dem Pyramidenfeld von Gizeh abgetragen worden ist!

Im Tempel von Dendera, der im ersten Jahrhundert v. u. Z. gebaut wurde, befindet sich eines der brisantesten Bruchstücke aus der vierten Pyramide. Ob die griechischen Eroberer den Tempel von Abydos ausgeschlachtet haben, um in ihrem neuen, der Göttin Hathor (»Hathor« ist Ägyptisch für »Haus des Horus«!) geweihten Heiligtum die Bruchstücke aus der vierten Pyramide zu sichern, werden wir wohl nie erfahren. Jedenfalls befindet sich in Dendera unter anderem die Darstellung einer Glühlampe (in Auberginenform), aber auch die Geschichte der Menschheit und der Ankunft einer Intelligenz auf unserer Erde wird dort beschrieben.

Um dies nachzuvollziehen, muss man im Tempel von Dendera die vielen Stufen zum Observatorium hinaufsteigen. Auf dem Dach befinden sich zwei Kammern. In der vorderen Kammer sieht man an der Decke die Kopie des weltberühmten Zodiakus-Kreises von Dendera, dessen Original Engländer und Franzosen (nach der Kapitulation der napoleonischen Ägyptenexpedition) für sich beanspruchten. Die Franzosen setzten sich damals durch, weshalb der Zodiakus-Kreis von Dendera heute im Louvre zu Paris zu sehen ist.

Tritt man in die eigentliche Observatoriumskammer mit den zwei Gucklöchern zum Himmel ein, so erkennt man im dämmrigen Licht nur wenige Details. Jedoch fällt auf, dass die Seitenwände und die Decke über und über mit Bildern geschmückt sind, die verschiedene Phasen des Osiris darstellen.

Spontan würde ich die Darstellung des Zodiakus *(Abbildung 35)* so deuten, dass es aus der Sicht der alten Ägypter zehn mögliche Zugänge für das Eindringen des Samenfadens in die weibliche Eizelle gibt. Wie aber können die Ägypter davon gewusst haben? Schließlich ist der Befruch-

Abbildung 35: Alle Welt hält den Zodiakus-Kreis im Observatorium von Dendera für ein astronomisches Orakel. Möglicherweise ist es jedoch die Darstellung der weiblichen Eizelle, worauf ja auch der daneben abgebildete weibliche Körper hindeutet.

tungsvorgang ohne ein Mikroskop nicht zu erkennen. Darauf weiß ich auch keine Antwort. Wie aber oben bereits dargestellt (siehe *Abbildung 9*, S. 46), kannten die alten Ägypter zweifellos den Samenfaden und dessen Zeugungsfunktion.

Ali b. al-Abbas ar-Rumi über die Beschriftung der Pyramiden

Es heißt, der Erbauer der Pyramiden sei ein König mit Namen Saurid gewesen ... Die Seitenflächen dieser beiden Pyramiden waren, wie wir selbst sahen, von oben bis unten mit eng zusammenstehenden parallel laufenden Zeilen in der Schrift ihres Erbauers beschrieben, deren Buchstaben heutzutage unbekannt sind und deren Bedeutung man nicht mehr versteht.[15]

---

[15] Graefe, a. a. O.

In Dendera wurden meiner Ansicht nach die Informationen aufbewahrt, die bei der bewussten Fälschung der Vergangenheit der Menschheit verheimlicht werden sollten. Selbst diejenigen, die 1300 v. u. Z. die Kammer auf dem Tempeldach ausbauten, wussten nichts von den Inhalten und der Bedeutung dieser Steintafeln. Das erkennt man daran, dass die Platten zum Teil auf den Kopf stehend verbaut wurden, weil die Baumeister des Tempels der Kleopatra[16] die Aussagen nicht entschlüsseln konnten. Heutigen Betrachtern geht es auf den ersten Blick auch nicht anders. Ein Körper, meint man, hat auf einem Bett zu liegen und nicht in einem Raum zu schweben. Anders sieht die Sache allerdings aus, wenn es sich um Darstellungen eines Körpers in der Schwerelosigkeit handelt (siehe die folgenden Abbildungen).

Dendera: die Kammer des Wissens

In den ansonsten fensterlosen Raum des Observatoriums von Dendera sind zwei Gucklöcher eingebaut. Sie scheinen der Korrektur von Tageszählungen gedient zu haben: Immer wenn ein bestimmter Fixstern, die Sonne, der Mond oder gar ein bestimmtes Sternbild in der Himmelsluke sichtbar wurde, konnten die Priester die Korrektur festlegen.

Im Übrigen ist die gesamte Kammer mit Platten ausgeschmückt. Der ureigenste Sinn ist nicht mehr so ohne weiteres erkennbar. Dieses »Allerheiligste der Astronomen« muss jedoch ursprünglich ein Bestandteil der vierten Pyramide gewesen sein, der nach Abydos geschafft und dort verbaut worden war. Als dann die Griechen um 100 v. u. Z. den neuen Tempel in Dendera errichteten, dürfte dieser Teil dorthin gebracht worden sein. Möglicherweise handelt es sich auch um Kopien der uralten Originale.

---

[16] »Kleopatra« war Name und Titel der Obersten Priesterin zugleich.

Meines Wissens hat sich bisher kein Autor darum geküm-
mert, was auf diesen Platten abgebildet ist. Man kann sich
vorstellen, dass sie bei einem Einweihungsritus eine Rolle
spielten. Ein Priesterschüler wird über einen Zeitraum von
mehreren Jahren geschult. Man erklärt ihm die Beschaffen-
heit eines Geheimnisses. Durch diese Schulung wird er
fähig zu verstehen, was er nun zu sehen bekommen soll. Er
wird in diesen Raum geführt und dort allein gelassen. Nun
hat er die Chance, wenn er wirklich sehen gelernt hat, alle
Informationen von den Wänden und der Decke des Raums
abzulesen.

Die Gucklöcher dürften ursprünglich dazu gedient haben,
einen bestimmten Fixstern oder eine Sternformation am
Firmament abzugrenzen. Hierdurch sollte dem Priester
wohl die Region am Himmel gezeigt werden, in der sich die
Urheimat der Menschen befand. Aber der Priester war allein
in diesem Raum. Wusste er aufgrund seiner Ausbildung zu
deuten, was er sah, so war er »eingeweiht«. Erkannte er es
nicht, dann war er nicht reif für die geheimen Informationen.

Abbildung 36: Dendera – altägyptisches Observatorium oder Ort der höchsten Einwei-
hung? Eines der beiden Gucklöcher in der
Decke des hinteren Raums.

Mit großer Wahrscheinlichkeit wurden Novizen in der Frühzeit des alten Ägypten nie in Gegenwart anderer Menschen
eingeweiht. Man führte sie – nach erfolgter Ausbildung – in
eine »Kammer des Wissens« und überließ sie dort sich selbst.
Ein solcher Raum, in dem alle Informationen enthalten
waren, ließ sich für die verschiedenen Grade der »Einwei-
hung« nutzen: Der Anwärter auf das Wissen sah zwar, wenn
er den Raum betrat, alle Informationen, aber er verstand nur
die Abschnitte, für die er eine Schulung erhalten hatte.
Dabei galt offenbar eine Regel: das Gebot des Schweigens,
das bis heute in vielen Geheimgesellschaften besteht.

In diesem Buch geht es um die vierte Pyramide und daher um die Kammer des Wissens von Dendera nur insoweit, als sie uns hilft, der vierten Pyramide von Gizeh auf die Spur zu kommen. Lassen Sie mich daher mit zwei weiteren Details dieses Kapitel abschließen:

Zwei Bilder in der Kammer des Wissens zeigen dem Einzuweihenden die Reise von der Urheimat auf diese Erde und den Reanimierungsprozess nach der Ankunft. Vergleichen Sie bitte die beiden folgenden Abbildungen (*Abbildung 37* und *38*).

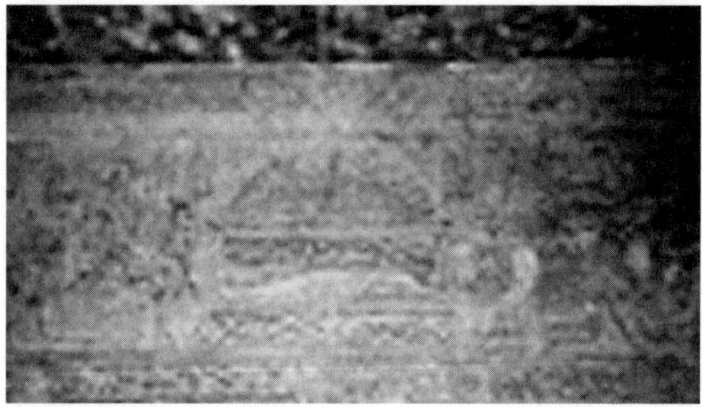

Abbildung 37: Die »Ankunftsmaschine« von Dendera.

Die offizielle Ägyptologie erklärt *Abbildung 38* (und zahlreiche weitere in Dendera) als Wiedererweckung des Osiris. Das ist in sich logisch, denn in der Sage um Osiris findet sich die Ausgangsform der Auferstehungskulte. Nach dieser Sichtweise zeigen die Bilder, wie sich »Helfer« darum bemühen, den schlafenden »Pharao« Schritt für Schritt zu erwecken.

Ich dagegen gehe von einer anderen Situation aus. Angenommen, die Tafeln stammen aus der vierten Pyramide von Gizeh. Dann müsste es sich um Darstellungen einer Prophezeiung handeln. Denn zu diesem Zeitpunkt war die Pyramide des Osiris noch nicht abgetragen, folglich kann es

Abbildung 38: Mangels anderer Erklärungen hat die Ägyptologie diese Darstellung als Einbalsamierungs- oder Erweckungsriten gedeutet.

noch keine Auferweckung im weitesten Sinn gegeben haben. Logischer wäre es also, die Bilder als Beschreibung zu deuten, wie die Reise von der Urheimat der Menschheit zur Erde und die schwierigste Phase dieser Reise bewerkstelligt wurden: Nach der Ankunft mussten die Organe des Körpers wieder in Funktion gesetzt werden.

Abbildung 39 links zeigt eine Gestalt mit Pharaonenkrone, die auf einer Liegestatt ruht. Drumherum befindet sich ei-

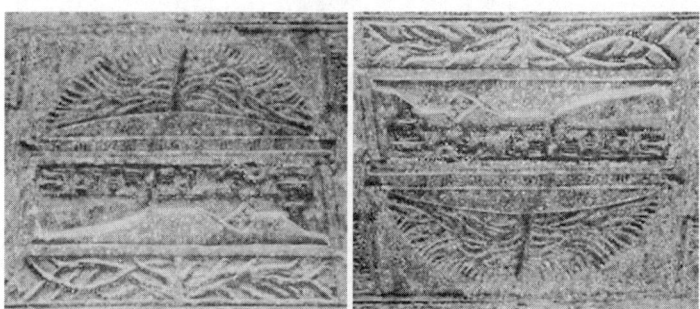

Abbildung 39, links: Das merkwürdige Bett des Osiris; *rechts:* das Bild auf den Kopf gestellt.

niges an Zierrat. Betrachten wir dieses Bild mit technischem Verständnis, dann könnte es sich bei dem Zierrat um technische Zuleitungen handeln, die unterhalb der Bettstatt zur Liegefläche des Körpers führen. Über dem ruhenden Körper sind Andeutungen weiteren technischen Geräts zu erahnen.

Dreht man die Abbildung auf den Kopf, so erkennt man, dass im unteren Teil möglicherweise Frequenzen dargestellt werden. Der Körper scheint hier unter der Decke zu schweben. Aus der Liegestatt ist eine Begrenzung nach oben geworden. Wird hier die Situation des Körpers unter Bedingungen der Schwerelosigkeit dargestellt? Ich meine, ja.

9

EIN EINGEWEIHTER
TUAREG

Schicksalhaftes Wiedersehen

Je nach ihrer Einstellung zum Leben und zu dem Geheimnis, das die Verflechtungen des Schicksals für uns bereithalten, beurteilen verschiedene Menschen die Begegnungen auf ihrem Lebensweg unterschiedlich. Die meisten von uns denken wohl kaum über tiefere Gründe und Hintergründe nach, wenn sie nach fünfundzwanzig Jahren völlig überraschend einer Person aus ihrer Vergangenheit gegenüberstehen. Sind es Verwandte, Schulfreunde oder Geschäftspartner, so verläuft ein solches Wiedersehen meist freudig, denn dann kann man sich in Erinnerungen ergehen. Man hat zwar eine Überraschung erlebt, die aber kaum eine anhaltende Verblüffung nach sich zieht.

Stellen Sie sich aber mein grenzenloses Erstaunen vor, als ich den Spuren des alten Ägypten in Tunesien folgte und dort einem Mann begegnete, den ich von der Sultan-Hassan-Moschee in Kairo her kannte. Angesichts der zahlreichen Umstände, die eintreffen müssen, damit sich ein solcher »Zufall« ereignet, hatte ich nie und nimmer damit gerechnet, ihn jemals wiederzusehen. In meinem Buch »Die Heilkraft der Pyramiden« habe ich ihn als den »Einsamen von Kairo« beschrieben. Mit einem Körpermaß von 1,85 Meter erschien er mir für einen Ägypter sehr groß. Sein schwarzer Umhang, der für Ägypten nicht typisch ist, erinnerte mich an einen Burnus. Damals hatte ich ihn den islamischen Mystikern zugeordnet – vorschnell, wie ich nun erkennen sollte.

Ich war nach Tunesien gekommen, um die Stätten zu besuchen, die 800 bis 1000 v. u. Z. entstanden waren und vielleicht Parallelen aufwiesen, die bisher wenig beachtet wurden – zwischen Karthago und seiner Göttin Tan oder Tanit und Ägypten mit der dortigen Göttin Isis.

Während sich die Stätte des ehemaligen Karthago am Ufer des Mittelmeers befindet, liegt das vierthöchste Heiligtum des Islam im Inneren Tunesiens. Es war nur logisch, auch einen Ausflug nach Kairouan zu unternehmen – zumal zwischen Kairo und Kairouan eine auch für den westlichen Besucher offenkundige namentliche Verwandtschaft besteht. Natürlich fand ich in Kairouan keine verschütteten Pyramiden, aber dort traf ich jenen »Einsamen von Kairo« wieder.

Noch heute schildert meine Frau gerne, wie ich sprachlos dastand und den Mann aus der Sultan-Hassan-Moschee anstarrte. In meinem Kopf jagten sich Gedanken an höhere Fügung, Fingerzeig, Auftrag, Verschwörung und so fort. Es gab keinen Zweifel, der »Einsame aus Kairo« stand neben dem Eingang zur größten Moschee der Stadt und schien auf etwas zu warten. Etwa auf mich? So weit wollte ich nun doch nicht gehen. Ich wischte diesen Gedanken beiseite und schaute ihn fragend an. Er sah einen Augenblick wie verloren zurück, dann schien auch er sich zu erinnern und mich einzuordnen.

In diesem Augenblick dämmerte mir, dass er kein Ägypter war, wie ich in Kairo angenommen hatte. Er war ein Berber, genauer gesagt, ein Tuareg. Darum seine Körpergröße, darum dieser schwarze Burnus. Mein Interesse explodierte, jetzt wollte ich es genau wissen. In Kairo hatten wir uns über göttliche Mathematik oder Mathematik des Geistes unterhalten. Auch die Pyramiden spielten bei unserem Austausch eine große Rolle. Jetzt fand ich ihn hier, zwar an einem bedeutenden Heiligtum des Islam, aber von Pyramiden und Obelisken war weit und breit nichts zu sehen. Das einzig Auffällige an diesem Ort waren zwei kreisrunde Wasserbecken, die vor Jahrhunderten angelegt worden waren. Das passte nicht in das Bild, das ich mir von diesem mutmaßlichen Geheimnisträger des Islam gemacht hatte. Was suchte er hier, was für eine Funktion übte er hier womöglich aus? Dass es mit ihm etwas Besonderes auf sich hatte, war nicht zu übersehen. Dafür hatte ich in den letzten dreißig Jahren einen Blick entwickelt.

Nennen wir ihn in diesem Buch Sidi M. Es ist besser so für ihn, denn niemand weiß, wann sich die politischen Verhältnisse in seinem Land ändern, zumal mit Libyen und Algerien zwei instabile, von islamischen Eiferern regierte Staaten an Tunesien grenzen.

Abbildung 40: Die Moschee von Kairouan

Sidi M. gab mir mit seiner rechten Hand ein Zeichen und deutete zugleich in die Richtung, in die wir beide uns von den Touristen entfernen sollten, die den Eingang zum Betsaal der Moschee umlagerten. Der Zutritt ist Touristen dort verwehrt.

Wir begaben uns in ein kleines Teehaus im Schatten der Moschee. Ich erspare mir die Schilderung des Begrüßungsrituals mit Tee und vielen allgemeinen Worten. Schließlich kam ich zu der Frage, die mir auf der Zunge brannte (wir unterhielten uns auf Französisch): »Sie – hier?«

»Ja, mit gutem Grund«, gab er mir zur Antwort.

»Aber aus welchem Grund? Abgesehen von einigen Zeichen am Grabmal des Barbiers von Mohammed habe ich nichts entdecken können, was diesen Ort auszeichnet.«

»In Kairo«, antwortete er bedächtig, »vor allem in der Sultan-Hassan-Moschee, liegt alles sichtbar ausgebreitet. Hier in Tunesien haben wir einen anderen Islam. Versuchen Sie als Europäer zu verstehen, dass der Islam von Land zu Land verschieden ist. Darum konnte sich der Glaube so schnell ausbreiten. Die Botschafter des Islam eroberten ein Land und brachten den Glauben, aber keine neue Kultur – abgesehen natürlich von den Glaubensgeboten für das tägliche

Leben. Mohammed und den ersten Männern nach ihm ging es nur darum, was man tun darf, was man nicht tun darf und wie man Allah die höchste Ehre erweist. In welcher Kulisse, sprich Kultur, dies ausgeübt wird, war ihnen gleichgültig.«

»Ist das wirklich so einfach?«

»Sicher nicht, aber es reicht aus zu verstehen, warum der Islam in Ägypten ein anderer ist als in Afghanistan, Syrien, Tunesien oder Marokko, um nur einige aufzuzählen.«

Ich nickte und sah ihn nachdenklich an, bemüht, seine Worte einzuordnen.

»Ich selbst bin Berber«, fuhr er fort, »und stamme aus einer Familie mit sehr alten Traditionen. Wir leben seit alters einen sehr konservativen, tunesischen Islam, gleichzeitig aber auch in einer konsequenten Kultur unseres Stammes, der Tuareg. – Und was ist Ihr Hintergrund?«, fragte er unvermittelt.

Damit brachte er mich in Verlegenheit, denn ich nahm an, dass er nun eine ähnliche Antwort von mir erwartete, eine Beschreibung meines ehrwürdigen und sittenstrengen Clans. »Wir sind typische Deutsche«, antwortete ich schließlich, »und ich interessiere mich sehr für das Ägypten, das schon vor Jahrtausenden untergegangen ist und von dem ich vermute, dass Reste auch hier in Tunesien zu finden sind.«

»Darum waren Sie damals in Kairo?«

»Ja. Ich habe ein Buch darüber geschrieben: ›Die Heilkraft der Pyramiden‹.«

Er verzog keine Miene.

»Mir geht es um die Geometrie und die noch erkennbaren ursprünglichen Funktionen der Bauwerke.«

»Ja, ich erinnere mich, dass Sie damals in Kairo alle Details der Sultan-Hassan-Moschee fotografiert haben. Und ist bei Ihren Untersuchungen etwas herausgekommen?«

»Ich denke schon, vor allem, als ich anfing, den Grundriss der Moschee in meine Auswertung einzubeziehen.«

Er nickte gedankenverloren.

»Wenn Sultan Hassan wirklich die vierte Pyramide in dieser Moschee gebaut hat...«

»Nachgebaut hat, bitte, nachgebaut!«, fiel mir Sidi M. ins Wort.

»Natürlich, auch für mich steht fest, dass er sie nachgebaut hat«, griff ich seinen Einwand auf. »Jedenfalls muss er Vorlagen für den Grundriss des Gebäudes oder Gebildes gehabt haben, je nachdem, wie man es sieht.«

»Ja, das ist klar«, bestätigte Sidi M.

»Die Moschee als solche«, erläuterte ich, »dürfte ein Bauplan in Stein sein, von Hassan und seinen Beratern als Heiligtum angelegt, um die Anlage vor Zerstörung zu schützen.«

Wir schwiegen uns an. Endlich lächelte Sidi M. und meinte: »Sie sollten eher ein Buch über die ›Heilkraft des Schweigens‹ schreiben.«

Er stichelte also. So etwas ist typisch für einen Tunesier mit französischer Ausbildung. Na ja, das Spiel kannte ich schon aus meiner Sturm-und-Drang-Periode, Anfang der Sechzigerjahre. Also konterte ich liebenswürdig: »Das Buch ist schon geschrieben worden. Von einem Sufi aus dem Iran. Ich glaube, das muss so Mitte der Fünfzigerjahre gewesen sein.«

Deutlich konnte ich an seiner Reaktion erkennen, dass Sidi M. verstanden hatte. Die Sufis sind im 8. Jahrhundert aus dem Islam hervorgegangen. Sie gelten als die Mystiker des Islam, sind Heiler und galten bisweilen auch als Wunderheiler.

Bist du ein Sufi?, dachte ich, indem ich mein Gegenüber ansah.

Plötzlich fragte er mich, dabei zum Du übergehend: »Was willst du hier finden?«

»Erste Hinweise für eine kulturelle Verbindung zwischen Karthago und dem alten Ägypten.«

»Was für eine Spur verfolgst du zur Zeit?«

»Die Göttin Tanit beziehungsweise das Mutterprinzip Karthagos und die Göttin Isis der Ägypter scheinen identisch zu sein. Demnach muss es noch mehr Parallelen oder Übereinstimmung geben.«

»Was du suchst, wirst du so in Tunesien nicht finden, denn hier gibt es über der Erde nichts Auffälliges mehr, das aus der Zeit vor dem Jahr 1000 christlicher Zeitrechnung stammen könnte.«

»Unterirdisch?«

»Als Ungläubiger hast du keine Chance, auch nur in die Nähe der Treppenstufen zu gelangen, die in die entsprechenden Gewölbe führen.«

Nach diesen Worten schwieg er abermals. Mir war klar, dass ich ihm nun beweisen musste, dass ich genau wusste, was ich hier in Tunesien suchte. »Wenn ich die Geschichte dieses Landes Revue passieren lasse«, sagte ich, »dann sehe ich, dass die Berber vor dreitausend Jahren in diesen Landstrich zogen. Also etwa um die Zeit, in der das Klima sich dramatisch veränderte und die Landstriche sich auszubilden begannen, die wir heute als Libysche Wüste kennen. Mich interessieren die Menschen, nicht das Land. Ihre Geschichte, Tradition und Gebräuche sind mein Ansatzpunkt.«

Einen Moment lang zögerte ich noch, dann entschloss ich mich, ihm mein bizarres »Beweisstück« zu zeigen – ein Stück bedrucktes Tuch, das ich vor einigen Jahren auf einem Trödelmarkt gefunden hatte.

Das tunesische Flohmarkttuch

Das Tuch war mir auf einem Flohmarkt in London aufgefallen. Offensichtlich war es nicht industriell hergestellt worden. Nach den Angaben des Verkäufers stammte es aus dem Süden Tunesiens. Ein britischer Soldat hatte es vor Jahrzehnten mit in die Heimat genommen, mehr war nicht darüber bekannt. Dennoch erstand ich es auf der Stelle.

Was mich elektrisiert hatte, waren die auf das Tuch ge-
druckten Bildsymbole. Mit den Augen eines Ägypten-Ex-
perten gesehen, deuteten sie auf eine enge Verwandtschaft
zwischen Tunesien und der Nilkultur. Bei näherem Hinsehen erkannte ich dann, dass es sich um »ergänzende« Darstellungen handelte, die in einem bestimmten Verhältnis zu
den Bildmustern aus der Sultan-Hassan-Moschee stehen
(siehe *Abbildung 41*).

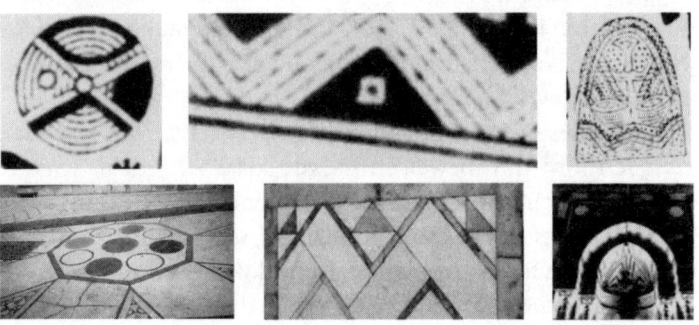

Abbildung 41, oben: Elemente des tunesischen Tuchs; *unten:* Motive
aus der Sultan-Hassan-Moschee.

Das tunesische Tuch war natürlich nicht der einzige Grund,
warum ich hierher nach Karthago gekommen war, wie
ich Sidi M. erklärte. Aufgrund der politischen Gegebenheiten konnte ich weder in Libyen noch in Algerien recher-
chieren. Blieben also Marokko oder Tunesien als weitere
Stätten bisher weniger bekannter Analogien zum alten
Ägypten.

Für Tunesien hatte ich mich auch deshalb entschieden,
weil sich in der Nähe des heutigen Tunis einst Karthago befunden hatte. Tatsächlich ist vom alten Karthago jedoch
nichts übriggeblieben. Die Römer haben die einst so
prachtvolle Stadt nach ihrem Sieg restlos zerstört, die Ruinen über Jahrhunderte als Steinbruch benutzt und den
wertvollen Marmor abtransportiert.

Pythagoras, Karthago und Rom

In seiner Blütezeit herrschte Karthago über Sizilien, Sardinien und Teile Süditaliens. Just dort befinden sich auch heute noch Ruinen und Plätze, die mit geheimnisvollen Menschen und Geschichten in Verbindung gebracht werden. Beispielsweise mit dem Griechen Pythagoras (um 570 v. u. Z.). Von Anaximander nach Ägypten geschickt, erhielt Pythagoras in Heliopolis eine zweiundzwanzig Jahre dauernde Ausbildung, ging dann nach Babylon und ließ sich dort weitere zwölf Jahre von babylonischen Priestern unterweisen, um schließlich als umfassend ausgebildeter Eingeweihter der alten Kulturen nach Griechenland zurückzukehren. Man achte auf die Stationen seiner Ausbildung: Heliopolis und Babylon!

In die Heimat zurückgekehrt, geriet er jedoch sofort in Schwierigkeiten. Was er lehrte, war mit dem griechischen Weltbild nicht in Einklang zu bringen. Um den unbequemen Weisen loszuwerden, verbannte man ihn nach Süditalien. Selbst dort wurde er rasch unbeliebt und musste weiterziehen, in die Gegend der heutigen Hafenstadt Bari. Bisher hat kaum jemand ernsthaft gefragt, warum Pythagoras gerade nach Süditalien abgeschoben wurde. Meine Nachfragen bei Pythagoras-Experten in Genf ergaben lediglich, dass Süditalien damals nach Ansicht der Griechen von liederlichen Menschen bewohnt worden sei und der Missliebige mit diesem Verbannungsort zusätzlich bestraft werden sollte.

Das halte ich inzwischen für einen Irrtum. Sizilien, Sardinien und Süditalien wurden von Karthago aus kontrolliert, und zwar schon lange vor der Gründung Roms. Es sind die so genannten Neupythagoräer, die Roma – oder, rückwärts gelesen, »Amor« – gegründet haben. Diese Spielerei mit anagrammatischen Bedeutungen lässt sich auch auf Romulus und Remus anwenden, die mythischen Gründer Roms.

Aus »Romulus« wird, rückwärts gelesen, »Sulumor«, aus »Remus« entsprechend »Sumer«. Das aber ist bekanntlich der alte Name für Mittel- und Südmesopotamien, also genau die Gegend, in der sich Pythagoras zwölf Jahre lang zur Ausbildung aufgehalten hat. Nichts wird ohne Hintersinn überliefert.

Nicht ganz so einfach ist die Sache bei dem Namen Romulus. Einiges spricht dafür, dass dieser Name heute falsch geschrieben wird. Nach der Logik der Pythagoräer müsste der Bruder des Remus eigentlich »Romus« geheißen haben. Dieses Wort hätte fünf Buchstaben wie »Remus« und ergäbe, rückwärts gelesen, »Sumor«. Aufgrund der tragenden Rolle, welche die Pythagoräer bei der Gründung Roms spielten, macht es durchaus Sinn, über solche möglichen verdeckten Botschaften nachzudenken. Schließlich geht auch das Latein auf ihre mathematischen Regeln zurück.

Aber zurück nach Süditalien: Möglicherweise ließ sich Pythagoras bewusst nach Süditalien in die Verbannung schicken, das aufgrund der Oberhoheit Karthagos kulturell mit Nordafrika verbunden war. Die Spuren der Verbindungen zwischen Ägypten und Karthago sind aus den Geschichtsbüchern systematisch gelöscht worden – aus Gründen, die wir heute allenfalls noch vermuten können. Doch Pythagoras muss aus seinen ägyptischen Jahren gewusst haben, wie eng die Verbindung zwischen Karthago und Ägypten war.

Die Tuareg – Hüter etruskischen Wissens?
Es gab noch einen weiteren Aspekt, der für Tunesien als Ausgangspunkt meiner Recherchen sprach: die Etrusker. In seiner Blütezeit besaß Karthago geschichtlich verbriefte Verbindungen zu den Etruskern. Dieses mysteriöse Volk hinterließ in Italien eine Reihe von Spuren, doch nach dem Untergang Karthagos verschwand es aus der Öffentlichkeit des alten Italien. Manche sagen, dass die Überlebenden dieses Volkes bewusst in den Untergrund gingen, als Karthago von Rom besiegt worden war.

Bei der Gründung Roms spielten neben den Anhängern des Pythagoras auch die Etrusker eine bedeutende Rolle. Manche deuten die Legende von Romulus und Remus so, dass die beiden Brüder die von Ägypten »ausgesetzten« Gemeinschaften der Pythagoräer und Etrusker verkörpern. Die Wölfin, die beide nährt, wäre dann das wilde, noch unzivilisierte Italien.

Nicht lange nach der Gründung der Stadt gab es Querelen in Rom und als Folge einen grundsätzlichen Kurswechsel: Pythagoräer und Etrusker wurden verfolgt und gingen in den Untergrund. Rom stieg zur Seemacht auf und bekämpfte fortan Karthago, das die Entwicklung des Römischen Weltreichs behinderte.

Gab es – neben territorialen Streitereien – vielleicht auch ideologische Gründe, warum Karthago zu Roms politischem Gegner Nummer eins wurde? Geographisch gesehen lag Karthago Rom näher als Ägypten. Falls es gleichzeitig ägyptische Lehren – vielleicht sogar Geheimlehren – hütete, war es zumindest für die Pythagoräer ein »geistiges Zentrum«, von dem für Rom eine Gefahr ausging.

Die weitere Geschichte zeigt, wie Karthago von Jahrhundert zu Jahrhundert mehr und mehr am eigenen Luxus erstickte, sodass das knochenharte Militärsystem der Römer schließlich siegte. Daraufhin zerstörten die Römer nicht nur die Gebäude Karthagos, sie versuchten auch, das Wissen der Besiegten zu vernichten. Hierzu wurden praktisch alle Bewohner der Hauptstadt niedergemetzelt, alle greifbaren Dokumente verbrannt und Karthago und Umgebung über Generationen unbewohnbar gemacht.

Aber wie immer gab es auch hier »Überlebende«, die quasi zu Hütern der Wissensreste wurden. Diese Rolle scheint im Fall Karthagos das Volk der Berber übernommen zu haben. Als ich von Deutschland in Richtung Tunis abreiste, dachte ich allerdings nicht im Traum daran, dass ich mich in Kairouan, dieser Oasenstadt im Herzen Tunesiens, mit einem leibhaftigen Tuareg über derlei geheime Zusammenhänge unterhalten würde.

Die »Grube der Zeitlosigkeit«

Noch immer saßen Sidi M. und ich im Schatten der Moschee und debattierten angeregt. Ich hatte ihm inzwischen von meinem Vorhaben erzählt, die »Halle der Aufzeichnungen« der Öffentlichkeit wieder bekannt zu machen. Danach hatten wir uns über die Sultan-Hassan-Moschee ausgetauscht und auch über die Frage der Anordnung der Bodenplatten gesprochen. Sidi M. war gerade dabei, mir eine sehr interessante Version der möglichen Herkunft des geheimnisvollen Wissens zu erläutern, das in der Gestaltung der Bodenplatten niedergelegt war.

Vor unvordenklicher Zeit geschah ein großes Unglück, berichtete er, das den fünften Planeten des Sonnensystems, gezählt von der Sonne aus, betraf. Eine große Gruppe intelligenter Wesen, die sich dort eigenständig entwickelt hatten, musste auf unserer Erde Zuflucht suchen, weil ihr Heimatplanet aufgrund veränderter Gravitationskräfte in unserem Sonnensystem auseinanderbrechen würde. Diese kosmischen Flüchtlinge waren die Erzahnen der alten Ägypter.

»Ein alter Kopte, von dem ich dir gleich noch erzählen werde«, fuhr Sidi M. fort, »vertraute mir eine Geschichte an, die auf einem uralten Papyrusfetzen verzeichnet war. Teile dieses Textes erkannte ich zumindest sinngemäß als Geschichten wieder, wie sie Moses und einigen anderen Großen der Vergangenheit zugeschrieben werden. Die Einzelheiten sind hier nicht von Interesse«, meinte Sidi M., »nur denke immer an eines: Als die ausgesetzten Seelen die Erde übernahmen, musste für die Urbewohner dieser Erde eine falsche Vergangenheit erfunden werden.«

Ich sah ihn nur sprachlos an, doch der hagere Tuareg fuhr bereits mit bedächtiger Stimme fort: »Man entschied sich damals, Teile der Geschichte des zerborstenen Mutterplaneten mit einer anderen Geschichte zu mischen, die für die Erdbewohner ehrenvoll und akzeptabel war. Weil diese Geschichte der Menschheit aber eine Lüge war, durfte sie nicht schriftlich niedergelegt werden, denn das geschriebene Wort durfte dem Ehrenkodex der damaligen Zeit entsprechend nur die reine Wahrheit enthalten. Lüge war bei dieser erfundenen Vergangenheit natürlich vor allem die Behauptung, dass der von menschlicher Intelligenz beseelte Körper auf und aus dieser Erde entstanden sei. Das Wissen um die Wahrheit würde die vermeintliche Vergangenheit als Fälschung entlarven. Lege aber«, fügte er hinzu, »wenn du diese Sache weiterverfolgst, nie die Moral oder eine Logik der heutigen Zeit zugrunde. Die Gründe für das damalige Vorgehen verstehen wir bis heute nicht.«

»Und was ist mit der Wahrheit?«, fragte ich Sidi M. ziemlich entgeistert.

»Sie ist an geheimen Stätten vielfach niedergelegt, nicht nur hier in Tunesien, auch in Ägypten, ja praktisch in allen Landstrichen der Erde, die intelligentes Leben zulassen.«

»Das klingt, als ob du aus einem Science-Fiction-Roman erzählst«, unterbrach ich ihn.

»Nein, nein«, erwiderte er, »das hat alles seine Richtigkeit. Allah schenkte mir das Glück, als er mich irgendwo zwischen Nil und Rotem Meer mit dem alten ägyptischen Kopten zusammenführte. Was ich dir hier erzähle, ist die mehr oder weniger getreue Wiedergabe dessen, was nach seinen Worten an jenen geheimen Orten niedergelegt worden ist. Diese Geschichte ist mit dem Verstand eines Menschen unserer Zeit ohnehin kaum zu verstehen. Auch für mich birgt sie noch genügend Ungereimtheiten, weshalb ich versuche, an ähnliche Berichte aus anderen Quellen heranzukommen. Nicht umsonst gelte ich bei meinen muslimischen Brüdern als verrückt, verzückt oder wie immer man es nennen mag.«

Der Kern der Geschichte, die Sidi M. mir dann erzählte, ist rasch wiedergegeben. Die einzelnen Details wird man eines Tages Abschnitt für Abschnitt entdecken, und dann erst wird auch die Zeit gekommen sein, ihren Wahrheitsgehalt zu überprüfen.

»Ich befand mich in einem Ort«, so begann Sidi M. seinen
Bericht, »wo außer verfallenen Lehmhäusern und ein paar
alten Kornsilos nach altägyptischem Vorbild nur noch die
Ruinen einer koptischen Einrichtung und die Umrisse eines
Friedhofs zu finden waren. Die nächste von Autos befahr-
bare Straße mag etwa zwei Kilometer entfernt gewesen sein.
Von weitem sah dieser Ort verlassen aus. Was ich in der Gegend gesucht habe, ist in diesem Zusammenhang uninte-
ressant. Es war selbst für mich in der Sonne sehr heiß, und
ich wollte die restlichen Nachmittagsstunden irgendwo im
Schatten der verfallenen Hütten verbringen. Da ich nie-
manden im Ort belästigen wollte, begab ich mich zum
Friedhof, wo ich im Schatten eines Mausoleums einen Platz
zu finden hoffte.

Auf dem kleinen Friedhof fiel mir in dem Durcheinander
von Gräbern unterschiedlicher Größe und Ausstattung ein
Objekt auf, das in diese Umgebung nicht hineinpasste: eine
längliche Grube oder Mulde, die mit polierten Steinen verkleidet war. Im ersten Augenblick dachte ich an eine Art Ze-
remonialbrunnen. Als ich näherkam, bemerkte ich Stufen,
die hinunterführten. Was mich aber interessierte, waren die
Schriftzeichen an den beiden glatt gearbeiteten Seitenwän-
den. Es waren Hieroglyphen. Das allein war noch nichts Auf-
regendes, denn in Ägypten stößt man, wie du weißt, aller-
orts auf Überreste der vergangenen Jahrtausende.

Als ich die ersten drei oder vier Stufen hinuntergestiegen
war, um die Beschriftung zu entziffern, fühlte ich, wie mir
die Füße weggezogen wurden. Im ersten Augenblick, daran
konnte ich mich später noch erinnern, war es so, als ob ich
auf etwas ausgerutscht wäre. Danach weiß ich nichts mehr.

Irgendwann kam ich wieder zu mir. Ich war der Meinung,
dass ich nur ganz kurz die Besinnung verloren hatte. Ich lag
ziemlich genau an der Stelle inmitten des Friedhofs, wo vor-
hin die Stufen und die Grube gewesen waren. Jetzt aber war
die Stelle eingeebnet, und von einer Grube war nichts mehr
zu sehen.

Neben mir saß ein alter Mann. Es war jener Kopte. Er sah mich an, und ich schüttelte benommen den Kopf. Bevor ich überhaupt eine Frage stellen konnte, fing er an zu reden:

›Du hast Glück gehabt, dass ich in der Nähe war. Tu das nie wieder in diesem Land. Ich hatte große Mühe, dich zurückzuholen. Ich habe es tun müssen, weil es nicht deine Schuld war. Du konntest es nicht wissen. Diese Anlage hier wurde nur freigelegt, um sie erneut zuzuschütten. Was mittlerweile auch geschehen ist, wie du siehst. Du hast etwa zweieinhalb Tage deines Lebens verloren, dafür müssen wir dich um Verzeihung bitten. Aber komme nie wieder an diesen Ort. Gerätst du künftig in Not, dann wende dich an die Adresse, die auf der Karte steht, die ich dir geben werde. Aber komme nicht mehr an diesen Ort. Hörst du?‹

›Das kann alles nicht sein‹, antwortete ich ihm, ›ich bin doch vor wenigen Augenblicken erst ausgerutscht.‹

›Du bist nicht ausgerutscht, glaube mir und nimm es so hin, wie es ist. Morgen ist Freitag, gehe in die nächste Moschee und überzeuge dich selbst.‹

Diese Worte irritierten mich dann doch. Ich wusste sehr wohl, dass morgen nicht Freitag sein konnte. Und doch hatte er, wie sich herausstellen sollte, Recht. Ich war zweieinhalb Tage ohne Besinnung gewesen.

Damals jedoch schaute ich ihn nur ungläubig an. Wieso bestritt der alte Mann außerdem, dass ich ausgerutscht, mit dem Kopf aufgeschlagen war und dadurch das Bewusstsein verloren hatte?

Der Kopte schüttelte den Kopf, als ob er meine Gedanken lesen könnte. ›Höre, du bist aus Versehen in eine Grube der Zeitlosigkeit gefallen, und da du weder darin geschult bist, solche Ausrutscher zu kontrollieren, noch die dort waltenden Gesetzmäßigkeiten kennst, bist du in Lebensgefahr, falls du es noch einmal versuchen solltest.‹ Nach diesen Worten überreichte er mir seine Karte und wies mich an, diesen Ort schleunigst zu verlassen, um nie mehr dorthin zurückzukehren.«

Da mir diese Geschichte doch recht unglaubwürdig vorkam, lächelte ich nur höflich, nachdem Sidi M. fertig gesprochen hatte.

»Wenn du wieder in Kairo bist, geh in die Hassan-Moschee, wo wir uns zum ersten Mal getroffen haben«, sagte er daraufhin, »dort wirst du die Grube der Zeitlosigkeit finden, allerdings nur als Schema und mit einer Erklärung, wie sie funktioniert – falls du weißt, wie man so etwas liest. Die Grube wird dort zweifach gezeigt.«

Hätte Sidi nicht diese Bemerkung gemacht, ich hätte seine Geschichte bald wieder vergessen oder unter Erzählungen aus »Tausendundeiner Nacht« abgelegt. Als ich aber später die einzelnen Elemente des Innenhofs der Moschee auf meinen Fotos zuordnete, fiel mir diese kleine Geschichte wieder ein. Falls einer meiner Leser Bruder einer Freimaurerloge ist, sollte er hier auf einen Zusammenhang mit den Fußstellungen und Schritten achten, die in dem ihm bekannten Ritual ausgeführt werden. Der Teppich des Logenbruders und der Gebetsteppich des muslimischen Beters stehen, um nur zwei Beispiele zu nennen, symbolisch für einen Einstieg in die »Grube der Zeitlosigkeit«. Im ersteren Fall wird das Betreten der Stufen geübt, im letzteren lediglich symbolisch an Vergangenes erinnert.

 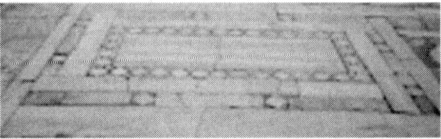

Abbildung 42: Die Gruben der Zeitlosigkeit? Motive aus dem Innenhof der Sultan-Hassan-Moschee.

»Inzwischen weiß ich«, sagte Sidi M. in diesem Zusammenhang noch zu mir, »dass seit Mitte der Achtzigerjahre solche und andere Anlagen, durch die man ›Lebenszeit‹ verlieren kann, von Kundigen unauffällig präpariert werden, um die

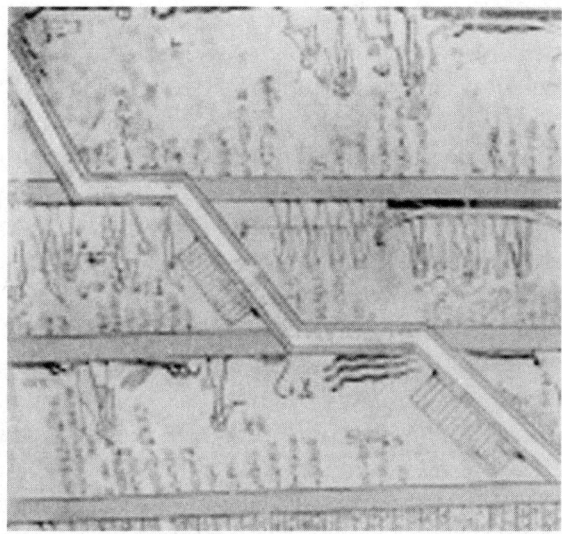

Abbildung 43: Treppe der Zeitlosigkeit, wie man sie als Wandmalerei in den Gängen der Pharaonengräber findet.

Lokalisierung von Satelliten aus zu erschweren oder unmöglich zu machen. Diese Orte liegen oft in der Nähe von Klöstern, einige sind mit islamischen Bethäusern überbaut, nie jedoch befinden sie sich an Stellen, die von Touristen besucht werden können. Für die Sensoren und Kameras der Satelliten versucht man die Anlagen so zu tarnen, dass sie wie verfallene Mausoleen oder Gräber aussehen.«

Al-Makrizi über Schatzsuche in Pyramiden

Es einigten sich zwanzig Jünglinge, in die Pyramide einzudringen, und rüsteten zu diesem Zwecke, was sie an Speisen, Getränken, Stricken und Kerzen und Ähnlichem derart brauchten; sie stiegen den schlüpfrigen Gang hinab, wo sie Fledermäuse sahen, die Adlern zu vergleichen waren und ihnen ins Gesicht fuhren, und als sie dann einen aus ihrer Mitte mit Stricken hinabgelassen hatten, schloss sich der Boden über ihm. Da bemühten sie sich, ihn wieder heraufzuziehen, schließlich aber erlahmten ihre Kräfte bei der Arbeit, sie vernahmen einen entsetzenerregenden Laut und verloren das Bewusstsein. Als sie sich wieder erhoben hatten, verließen sie die Pyramide, und während sie voll Verwunderung über ihr Erlebnis dasaßen, trat plötzlich ihr Gefährte aus der Erde heraus lebend vor sie hin und sprach einige ihnen unverständliche Worte, danach fiel er tot um. Als sie ihn nun forttrugen, wurden sie von den Wächtern ergriffen und zum Statthalter gebracht. Dem erzählten sie ihre Geschichte und suchten dann Auskunft über die Worte, die ihr Gefährte vor seinem Tode gesprochen hatte. Es wurde ihnen gesagt, ihre Bedeutung sei: »So wird bestraft, wer nach dem trachtete, was nicht sein ist.« Der Mann, der ihnen diese Deutung gab, war aus Oberägypten.[17]

Von Verkündern und Bewahrern

Überall, wo Menschen sich zu einer Gemeinschaft zusammenschließen, in der die Gebote der Gleichheit und Brüderlichkeit höchstes Ideal sind, entwickeln sich im Lauf der Zeit, weil dies in der Natur des Menschen liegt, gleichwohl verschiedene Gruppierungen: zum einen die Aktiven, die für die Ausbreitung der Gemeinschaft leben und eintreten, und auf der anderen Seite die Passiven, die Bewahrer.

---

[17] Graefe, a. a. O.

Die Gemeinschaft expandiert für eine gewisse Zeit, um dann wieder in sich zusammenzubrechen. Auch die Bewahrer leiden unter dem Zusammenbruch, aber es trifft sie nicht so hart wie die Aktivisten. Der Aktive leidet, wenn er in den Untergrund gehen muss, der Bewahrer nimmt es hin. Man kann beobachten, dass sich die Bewahrer grundsätzlich den aktuellen Lebensbedingungen anpassen.

So nahmen auch, als die alten Ägypter den Bezug zur »wahren« Lehre von Heliopolis verloren hatten, die damaligen Bewahrer nach außen hin die Meinung des Pharaos oder der Eroberer Ägyptens an und warteten ab, bis ihre Zeit wiederkäme. Sie lebten ohne Ehrgeiz im Untergrund weiter. Was aus den Aktivisten geworden ist, weiß niemand. Die Spuren der Bewahrer aber findet man in den verschiedensten Epochen immer wieder:

Woher bezog Pharao Amenophis IV., auch als Echnaton bekannt, seine Informationen, als er in Ägypten den Aton-Kult installierte? Er dürfte sie von den im Untergrund lebenden Bewahrern der alten Lehre erhalten haben: Die vielarmige Sonnenscheibe, ein zentrales Symbol des Aton-Kults, verweist auf Heliopolis. Doch Echnatons Versuch der Restaurierung des alten Kultes scheiterte.

Aber sein Reformationsversuch hinterließ auch in den folgenden Dynastien noch Spuren. So ließ Ramses II. in Abydos einen Osiris-Tempel errichten, in dem sich Einflüsse besagter Bewahrer nachweisen lassen. Es ist offensichtlich ein Versuch, die noch erhaltenen oder bekannten »Bruchstücke« des in tausend Stücke zerschlagenen Osiris an einem Ort zu sammeln. Zur Zeit von Ramses II. existierte die Priesterstadt Heliopolis noch. Wie viele Geheimnisträger oder Bewahrer mag es damals in Heliopolis gegeben haben? Wurden die Baumeister des Ramses von ihnen beraten?

Zwölfhundert Jahre nach Ramses II. erbauten die griechischen Herrscher in Dendera jenen Hathor-Tempel, zu dessen Ausschmückung, wie wir wissen, viele Steintafeln aus dem Tempel von Abydos eingebracht wurden. Waren hier wieder die Bewahrer am Werk? Die Blütezeit von Heliopolis lag zu diesem Zeitpunkt bereits vierhundert Jahre zurück. Was Herodot, der griechische Reiseberichterstatter, von Heliopolis sah und beschrieb, war nur noch das Glimmen der Asche. Trotzdem war er von dem sichtbaren Rest noch sehr beeindruckt.

»Der innerste Kern dessen«, erklärte mir Sidi M., »was sich heute in Ägypten Kopten nennt, geht aus dem altägyptischen Geheimbund der Bewahrer hervor. Kopten gab es schon vor den Anhängern Jesu in Alexandrien. Später passten sie sich dem Erfordernis der Zeit an, indem sie nach außen hin den christlichen Glauben annahmen.«

Bei jenem Zusammentreffen an der »Grube der Zeitlosigkeit« war Sidi M. also offensichtlich keinem christlichorthodoxen Kopten, sondern eben einem koptischen Bewahrer begegnet. »Die alexandrinischen Kopten haben den Schlüssel zu diesem Problem«, erklärte er mir kurz und bündig. »Das solltest du im Gedächtnis bewahren, wenn du dich um Heliopolis kümmerst.«

Die Erzahnen der Menschheit

Wenn es zutrifft, dass die Geschichte der Menschheit auf dieser Erde bewusst gefälscht worden ist, dann müssen doch Indizien überliefert worden sein, die wir mit unserem heutigen Wissen erkennen müssten. Woher beziehen wir oder bezogen unsere Vorfahren, die rund um das Mittelmeer lebten, ihr Wissen um die Geschichte der Menschheit? In erster Linie aus dem Alten Testament, einer Niederschrift von Texten, die ursprünglich nur mündlich überliefert und um 800 v. u. Z. erstmals schriftlich niedergelegt wurden. Die Berichte des Alten Testaments werden von Juden und Christen beharrlich als Wahrheit bezeichnet, als Wort Gottes, so als ob man sich davor fürchtete, dass es noch eine andere Wahrheit geben könnte.

Diese andere Wahrheit wird seit zweihundert Jahren, seit den Anfängen der systematischen Naturwissenschaften, mehr und mehr enthüllt. Auch wenn es heute schamhaft verschwiegen wird, beharrte die Christenheit über einen langen Zeitraum darauf, dass Gott die Welt vor wenigen tausend Jahren erschaffen habe. Wir können heute aber mit Bestimmtheit sagen, dass das Sonnensystem, in dem sich unsere Erde bewegt, Milliarden von Jahren alt ist. Demnach muss der Text, der solche »Berechnungen« zulässt – also die Thora, auf die auch die diesbezüglichen christlichen Aussagen zurückgehen –, in diesem Punkt (wie Sidi M. sagt) bewusst gefälscht worden sein.

Da Gott, wie wir annehmen dürfen, sehr wohl weiß, wann er die Welt erschaffen hat, und die Angaben in der Thora mit Bestimmtheit falsch sind, kann zumindest der Text, der sich auf die Geschichte der Menschheit bezieht, nicht von Gott sein. Hierzu gehören auch die Berichte über Adam und Eva, das Paradies und die Gründe für ihre Vertreibung daraus.

In Indien und in China finden sich zur Entstehung unseres Lebensraums ohnehin stark abweichende Überlieferungen. Vor allem die Zeitangaben unterscheiden sich stark von denen der Bibel: Dort rechnen die alten Chroniken in Zyklen, die vierhunderttausend Jahre und mehr umfassen.

Halten wir uns ein wenig beim Autor der Thora auf: War Moses, der möglicherweise seinen Schwiegervater getötet hat, ein guter Mensch? Mit dieser etwas sarkastischen Frage möchte ich darauf hinweisen, dass wir keine verlässlichen Anhaltspunkte besitzen, um die Vergangenheit der Menschheit oder derjenigen Völker zu beurteilen, die vor sechstausend Jahren oder noch weiter zurück gelebt haben. Daher können wir auch nicht sagen, ob die alten Ägypter gut oder böse waren, ob ihre Ethik und Moral verwerflich waren oder edel. Unsere Religionshüter haben uns aus eigennützigen Gründen eingeredet, dass es Menschen waren, denen wir in der Verdammnis begegnen könnten, weil sie nicht getauft worden sind. Wir können jedoch nicht behaupten, dass ihr Leben dem Gott nicht gefallen hat, an den wir heute glauben. Unsere Religion musste den vorangegangenen Glauben verunglimpfen, um sich als neue Idee auf Dauer durchsetzen zu können.

Ebensowenig können wir beurteilen, welches technische Können die Menschen der Zeit vor Moses tatsächlich besaßen, denn wir wissen bis heute so gut wie nichts darüber. Trotzdem legen wir wie selbstverständlich unsere christlichen Messlatten von heute an, was aber nur in eine gedankliche Sackgasse führt, weil sich so bloß alle gegenseitig bestätigen, dass unsere Sichtweise richtig sei und jede andere falsch.

Hierzu ein drastisches, aber auch bezeichnendes Beispiel (der geschilderte Vorfall könnte sich ebensogut in einem islamischen oder manch einem christlichen Land ereignen): Vor einigen Jahren verlangten fundamentalistische Juden in Israel von einer Molkerei, ihre Milch nicht mehr in Tüten abzupacken, auf denen ein Dinosaurier und ein Mensch gemeinsam zu sehen waren. Das Bild suggeriere etwas, das laut den Schriften nicht wahr sei, folglich dürfe diese Lüge auch nicht verbreitet werden. Denn laut der Thora habe Gott den Menschen vor etwa fünftausendsechshundert Jahren geschaffen; Dinosaurier lebten aber vor fünfundsechzig Millionen Jahren auf dieser Erde. Auf diese Proteste hin änderte die Molkerei das Design der Packung.

Um nicht missverstanden zu werden: Jeder Mensch soll in seinem Leben für sich entscheiden, woran und wie er oder sie an etwas glaubt. Aber niemand darf versuchen, anderen Menschen in seiner Umgebung seine eigene Entscheidung und Sichtweise aufzudrängen.

»Warum legt sich die Thora«, fragte ich auch Sidi M., »so bedingungslos auf ein Datum für den Anfang, die Schöpfung der Welt, fest?«

Er erklärte es mir so: Das Datum sei nicht falsch, nur bezeichne es eben die Ankunft der »ausgesetzten Seelen« (die ihren Heimatplaneten verloren hatten) auf unserer Erde. Für diese Ankömmlinge musste eine Geschichte als Vermächtnis hinterlassen werden. Wirklich interessant, so Sidi M., seien hierbei aber nicht die hinzugekommenen »Seelen«, sondern die Dinge, die sie mitgebracht hatten.

Eintausendvierhundert Jahre nach dem Bau des Tempels von Dendera, führte der Tuareg weiter aus, wurde erneut versucht, solche von den Erzahnen der Menschheit mitgebrachten Dinge zumindest in Form von Abbildungen zu restaurieren. Diesmal wurden einige verborgene Kammern innerhalb des Areals von Heliopolis komplett abgetragen und in Hassans Mausoleum und Moschee verbaut.

Allerdings handelte es sich wohl nur noch um Kopien von der Kopie der Kopie. Diese kommen aber anscheinend den Originalen sehr nahe, sonst wären sie nicht in der Sultan-Hassan-Moschee gesichert worden. Ob die Ankömmlinge seinerzeit die Technik, die sie mitgebracht hatten, hier auf Erden noch genutzt haben, lässt sich nicht beantworten. Sidi M. neigte zu der Ansicht, dass jene »Dinge« anfangs noch sehr gut funktioniert haben müssten, bevor durch Verschleiß oder menschliche Eingriffe die ersten Defekte auftraten. Einige Teile sind seitdem wohl vollständig verlorengegangen.

Die Nachkommen der Ankömmlinge, meinte Sidi M., verloren vermutlich nach und nach diese technischen Fertigkeiten – zum Beispiel, Stein zu schmelzen –, weil sie keine Ersatzteile mehr herstellen konnten. Anfangs verwahrte man die Pläne und Formeln an einem zentralen Platz, später, als niemand mehr diese Überlieferung lesen konnte, wurden sie als »heiliges Vermächtnis« an den verschiedensten Orten gehütet. Die alten Ideen fanden Eingang in Zeichnungen oder Abbildungen, die man etwa in Stein meißelte oder als Teppichmuster von Generation zu Generation weitergab.

Des Weiteren, sagte Sidi M., habe der alte Kopte ihm Folgendes berichtet: Etwa vor sechstausend Jahren gab es einen Streit unter den Hütern jener Technik. Das Land zwischen dem heutigen Iran und der Libyschen Wüste hatte sich sehr verändert, sodass auch die Menschen sich wandeln mussten. Von dem Erbe war ihnen nichts Verwendbares oder auch nur Verständliches geblieben. In dieser Situation wollten die einen die Hinterlassenschaft der Vorfahren an sicherere Orte bringen, die anderen wollten alles so lassen, wie und wo es war.

Offenbar kam es zu keiner Einigung. Daraufhin zog die eine Gruppe aus Ägypten und der Libyschen Wüste in Richtung Nordwest und Norden davon. Die Überbleibsel dieser Wanderungsbewegung kann man im heutigen Tunesien, Algerien und Marokko finden.

»Steht der Auszug der Israeliten in einem Zusammenhang damit?«, fragte ich.

Sidi M. bejahte. »Aber es gab nicht nur einen Moses«, sagte er, »sondern drei solcher Anführer. Wir kennen heute nur noch Moses, weil uns nur die Berichte seiner Gruppe vorliegen. Einzig anhand der Beschreibung, dass er bei seinem Auszug etwas mit sich geführt hatte – die legendäre Bundeslade –, können wir ihn als einen aus jener Fraktion identifizieren, die Teile der überlieferten ›Technik‹ in die neuen Siedlungsgebiete überführten. Von einer anderen Gruppe weiß man, dass sie aus dem heutigen Irak in den Iran und weiter nach Osten zog. Offenbar gab es noch eine dritte Gruppe, die in das heutige Armenien wanderte.«

Diejenigen, die in Ägypten und Libyen blieben, fuhr Sidi M. fort, seien ohnehin Mitglieder der Priesterschaft gewesen. »In ihren Tempeln verwahrten sie alles, was ihnen von den Vorfahren geblieben war. Diese Gruppe machte aber einen Fehler, wie wir heute wissen: Als der Niedergang Ägyptens nicht mehr aufzuhalten war und die Eroberer die alten Einrichtungen zerstörten, indem sie Teile dieses Erbes der ›ausgesetzten Seelen‹ in anderen Bauwerken verwendeten, verlagerten die Hüter das zu Bewahrende nach Alexandrien. Auf diese Weise hofften sie das Erbe vor der Gefahr durch die mögliche Zerstörung der alten Tempelzentren zu sichern. Doch bekanntlich wurde schließlich auch Alexandrien gänzlich zerstört.

Einige Indizien sprechen dafür«, führte Sidi M. weiter aus, »dass Moses bei seinem Wegzug aus Ägypten Einrichtungen mitgenommen hat, die zum Nachlass der ›ausgesetzten Seelen‹ gehörten. Ob dieser Nachlass über ganz Ägypten verstreut war oder ob er sich in der vierten Pyramide befunden hatte, wir wissen es nicht. Nach dem mir vorliegenden Material würde ich sagen, dass die wichtigsten Erbstücke der Erzahnen auf Heliopolis, Memphis und Theben verteilt worden waren. Die vierte Pyramide dagegen, die ›Halle der Aufzeichnungen‹ oder die ›Treppen zur Zeitlosigkeit‹ waren wohl immobile Einrichtungen, die erst in späterer Zeit entstanden waren.«

»Also könnte es sein«, warf ich ein, »dass Moses nur bis Alexandrien gekommen ist?«

»Dann würde die Nilschwemme erklären, warum er im Nildelta noch trockenen Fußes das andere Ufer erreicht hat, während die Verfolger ertrinken mussten.« Sidi M. lächelte. »Und dann könnte man ja die Bundeslade zur Abwechslung auch mal in der Libyschen Wüste suchen.«

Die Pyramiden der Berber

Da die Feinde, die Perser, für die in Ägypten lebenden Bewahrer aus dem Osten kamen, liegt es nahe, dass die Bewahrer sich entlang der afrikanischen Nordküste von ihnen abzusetzen versuchten. Dass dem tatsächlich so war, kann man aufgrund der vorgefundenen Spuren schlussfolgern. Und dass sich solche Bewahrer zum Beispiel mit den Berbern verbunden haben, lässt sich aus den Schmucksymbolen dieser nordafrikanischen Stämme ableiten.

Denn erstaunlicherweise kennen auch die Berber Pyramiden – zwar nicht aus Stein, aber auf ihren Schmuckstücken!

Das war für mich die eigentliche Überraschung in Tunesien. Vielleicht hatte Sidi M. ein wenig nachgeholfen, denn er wollte mir offenbar den verborgenen roten Faden zwischen dem Zweistromland weit im Osten und den Berbern in Tunesien, Algerien und Marokko zeigen. Jedenfalls zog er, als wir uns an einem der folgenden Tage wieder in einem Teehaus trafen, zwei silberne Anhänger aus seiner Tasche und legte sie vor mir auf den Tisch. »Was siehst du vor dir?«, fragte er mich.

»Auf den ersten Blick sehen sie wie eine Art Dolch aus«, antwortete ich.

»So ganz Unrecht hast du nicht«, gab er zurück, ohne mit der Wimper zu zucken. »Wir nennen es das Kreuz oder den Stern des Südens, weil unsere Männer in der Wüste damit des Nachts die Südrichtung bestimmen können.«

Na, dachte ich mir, jetzt hast du wieder einmal die Höflichkeit des Orients erlebt, denn ich hatte mich voll geirrt.

Aber seine Frage war nur die Einleitung gewesen. »Sieh bitte genau hin, was erkennst du?«, fragte er weiter.

Das erste Kreuz des Südens
Ich sah mir den ersten Stern des Südens genauer an. Nun war es an mir zu staunen: Auf dem Stern waren Pyramiden zu sehen, von deren Spitzen Linien ausgingen.

»Wie erklärst du diese vielen Pyramiden?«, fragte ich.

»Es gibt insgesamt acht Sterne des Südens«, erfuhr ich, »du hältst nur einen davon in der Hand. Es ist eine der Speichen des großen Rades einer Kraftmaschine, die ihre Energie von den Pyramidenspitzen bezogen hat.«

Noch während er dies sagte, schoss mir durch den Kopf, dass die Abbildungen darauf die Gebrauchsanweisung für eine unbekannte Maschinerie sein mussten. Allerdings, die Silberschmiede, die dieses Stück hergestellt hatten, dürften seit hundert Generationen nur noch Kopien von Kopien angefertigt haben. Ich erkannte einige Verschönerungen, die vermutlich nicht zum Original gehörten (siehe *Abbildung 44*).

Abbildung 44: Der Stern des Südens – mehr als ein Amulett der Berber?

Welches Detail ich auch genauer betrachtete, es wies Bezüge zu den Pyramiden in Gizeh auf. Das musste aber nicht heißen, dass sich das Schmuckstück der Berber tatsächlich auf die großen ägyptischen Pyramiden bezog. Eher schien mir hier ein allgemeines Funktionsprinzip dokumentiert.

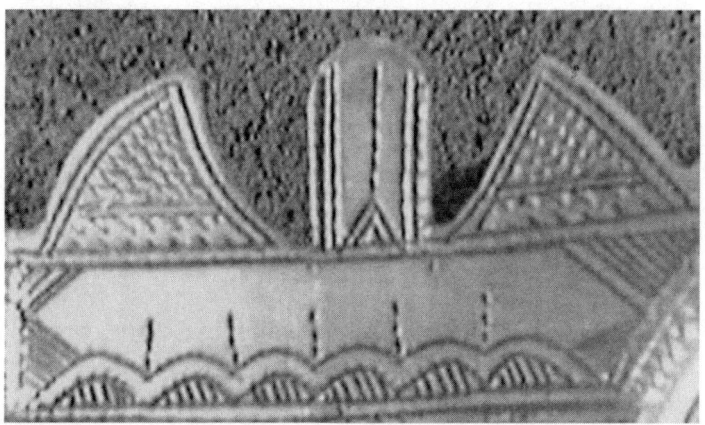

Abbildung 45: Detail des Sterns des Südens. Deutlich sind zwei Pyramiden zu erkennen, in deren Mitte eine dritte kleine Pyramide zwischen zwei Säulen steht.

In *Abbildung 45* sieht man links und rechts zwei große Pyramiden. Sie sind etwas nach innen gekrümmt, so dass man sie auf den ersten Blick nicht unbedingt als Pyramiden erkennt. Soll auf diese Weise vielleicht angedeutet werden, dass die beiden großen Pyramiden auf die kleine einwirken? Auffällig ist außerdem, dass die mittlere, relativ kleine Pyramide zwischen zwei Säulen steht und von ihrer Spitze eine Linie nach oben führt. Wird damit eine Art Kraftlinie angedeutet, die in den Himmel schießt? Seit gut dreißig Jahren beschäftige ich mich mit Pyramiden, auch außerhalb Ägyptens, aber ich habe nirgends eine so klare Darstellung eines möglichen Zusammenhangs gefunden.

Abbildung 46: Die *Abbildung links* stammt aus der Sultan-Hassan-Moschee: Zwischen zwei angedeuteten Pyramiden entspringt eine Art Strahlenbündel. *Rechts:* Der Stich aus Beständen der Napoleon-Expedition stellt einen Sonnenuntergang an den Pyramiden dar.

Das Berber-Schmuckstück weist aber noch eine weitere Besonderheit auf: Unterhalb der Pyramiden befinden sich hügelartige oder wellenförmige Muster. Aus den Tälern entspringt jeweils senkrecht eine Linie ähnlich der über der kleinen Pyramide.

Laut Sidi M. wird auf diesem Schmuckstück »nichts Unnötiges dargestellt. Du musst praktisch jeden Punkt, jeden Strich, jede Vertiefung und jede Erhebung auf dem Silberblech als wichtige Bestandteile des Ganzen sehen. Zerlege das, was du siehst, in seine Bestandteile, vielleicht kommst du dann der Antwort oder den Antworten auf deine Fragen näher«, sagte er.

Sind es Wellen, Hügel oder Erdschichten, von denen Kraftlinien ausgehen? Handelt es sich um eine unterirdische Anlage, die mit den Pyramiden darüber nichts zu tun

Abbildung 47: Detail aus der Sultan-Hassan-Moschee. Werden hier elektromagnetische Wellen dargestellt?

hat? In der Sultan-Hassan-Moschee gibt es Darstellungen, die entfernt an diese Zeichnung erinnern und die für mich mit der Kommunikationsanlage der alten Pharaonen in Zusammenhang stehen.

In *Abbildung 47* sehen wir im untersten Teil links und rechts eine angewinkelte Begrenzung. Diese eckige Darstellung im Gegensatz zur runden auf dem Stern des Südens lässt sich damit erklären, dass hier die genaue Breite der Wellen, eventuell auch die Anzahl und Häufigkeit der Impulse, beschrieben wird. Hier bestimmen exaktes Maß und Zahl die Information. Nur, unser Verstand kann sie noch nicht entschlüsseln.

Im Stern des Südens, den Sidi M. mir zeigte *(Abbildung 45)*, geht es anscheinend um allgemeine Informationen: sechs Wellenberge und fünf Impulse (abzulesen aus der Anzahl der Linien, die den Wellenbergen entspringen). Ich war sehr verblüfft, als ich dieses »Kreuz des Südens« zum ersten Mal mit den Darstellungen in der Sultan-Hassan-Moschee verglich. Heute deutet für mich vieles darauf hin, dass der Name »Stern des Südens« nichts mit der Himmelsrichtung Süden zu tun hat.

Nehmen wir an, dass es bei den alten Ägyptern eine Kraftmaschine gab, die Energie in unbegrenzter Menge liefern konnte, dann musste die Quelle dieser Energie hier auf der Erde zu suchen sein. Diese Quelle könnten die Ströme der Erdmagnetfelder sein, die unablässig fließen und die man nur mit einem geeigneten Instrument punktieren muss. Ein solches Instrument könnten die Pyramiden gewesen sein.

Gab es hierbei möglicherweise ein Zusammenspiel von Effekten, die in süd-nördlicher und ost-westlicher Richtung wirkten und von den vier Kanten der Pyramiden aufgefangen, an der Kante entlang zur Spitze geleitet und von dort »drahtlos« weitergeschickt wurden?

Sie erinnern sich an unsere Erörterung der Frage, warum vierseitige Pyramiden gebaut wurden (siehe Kapitel 3,

S. 50). Wie dort bereits zitiert, heißt es im Buch »Hinweis und Überblick« des Abu l-Hasan al-Masùdi:

>*Die beiden Pyramiden, die westlich von Fustat Misr liegen, gehören zu den Wunderbauten der Welt: ... In beide sind gegen die Winde gewaltige Steine eingebaut, jede ihrer Kanten stellt sich einem der Winde entgegen. Am mächtigsten wirkt auf beide der Südwind ein, das ist der Marisi.«*

Einen Wind im wörtlichen Sinn brauchten die Pyramiden sicherlich zu keiner Zeit zu fürchten. Möglich ist aber, dass man den Kanteneffekt bewusst ausnutzen wollte, um Energie zu gewinnen. Dann würde jedenfalls verständlicher, warum die Pyramiden von Gizeh so ausgerichtet sind, dass sie über die Kanten in die heutige Nordost-Richtung weisen. Lag in dieser Richtung einst der magnetische Pol?

Zu erinnern ist hier nochmals an die Kraftlinie, die auf dem Kreuz des Südens, das mir Sidi M. zeigte, von der Spitze der kleinen Pyramide abgeht (siehe *Abbildung 45, S. 183*). Im Manuskript des Al-Makrizi heißt es:

>*Auf jedem [Block] gewahrt man eine steinerne Statue; die eine stellt einen Mann, die andere eine Frau dar: die beiden stehen sich Aug' in Aug' gegenüber, der Mann hält eine beschriebene Tafel, deren Rahmen aus Gold besteht, das ein Meißel ziseliert hat. Zwischen den beiden Blöcken steht ein steinernes Gefäß, das mit einem goldenen Deckel verschlossen war.«*

Sollten wir die beiden Statuen, Mann und Frau, auf der Pyramidenspitze nicht im Zusammenhang mit den Stäben – Plus und Minus – zu beiden Seiten der kleinen Pyramide sehen, die auf dem »Kreuz des Südens« deutlich zu erkennen sind? Zwischen diesen beiden Stangen entsteht der Wirbel, der im Übrigen mit der Rauch- oder Feuersäule identisch sein kann, die im Alten Testament im

Zusammenhang mit der Wanderschaft der Israeliten beschrieben wird.

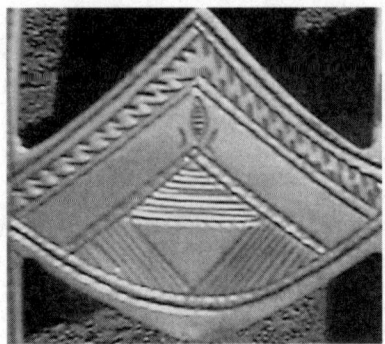 

Abbildung 48: Detail aus dem »Kreuz des Südens«: Auch hier ist eine Pyramide zu sehen, von deren Spitze ein Wirbel abgeht. Diesmal erkennt man jedoch weitere Details: zwei zusätzliche »Nadeln« zu beiden Seiten des Wirbels.

Das zweite Kreuz des Südens

Sidi M. hatte, wie gesagt, zwei solcher Schmuckstücke der Tuareg vor mir auf den Tisch gelegt. Dass beide zusammengehörten, war unverkennbar. Die Muster auf beiden stimmten zum Teil überein. Das kreisrunde Loch in beiden Anhängern forderte einen regelrecht dazu auf, beide Teile aufeinander zu legen.

Erneut war ich verblüfft, denn auch hier war offenbar mit Bedacht gearbeitet worden: Die beiden Anhänger ließen sich nur versetzt übereinander legen. Hatte man das aber getan, dann gaben sie ein weiteres Geheimnis oder sogar ihren Ursprung preis.

Auf diesem zweiten Stern des Südens war die heiligste der Pyramiden, die dreiseitige Pyramide, auf einer dreiseitigen Fläche dargestellt. Auf der Pyramidenspitze bemerkte ich eine kleine Kugel, links und rechts davon zwei sehr merkwürdige Flächen, die dem Grundriss einer Pyramide ähnlich sehen (siehe *Abbildung 49*).

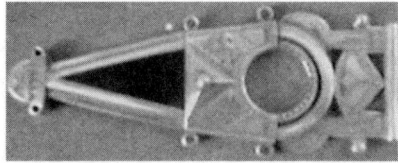

Abbildung 49, links: Der zweite Stern des Südens; *rechts:* die dreiseitige Pyramide.

Dass dies mehr als nur Schmuckstücke oder astronomische
Instrumente zur Bestimmung der Himmelsrichtung in der
Wüste sind, erkennt man auf *Abbildung 50 rechts,* einer
Negativaufnahme der Fläche vor der dreiseitigen Pyramide.
Offenbar wurde hier sehr sorgfältig ein dreidimensionales
Gerät zweidimensional dargestellt.

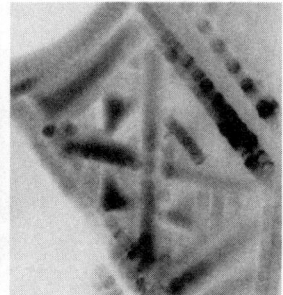

Abbildung 50, links: Die Flächen vor der dreiseitigen Pyramide,
rechts: als Negativ.

An dieser Stelle meiner Überlegungen verabschiedete sich
Sidi M. damals von mir. Er überließ mir die beiden Kreuze
des Südens mit den Worten: »Sie sind für dich«, drehte sich
um und eilte davon. Er hatte diesen Abgang wohl so ge-
plant, denn er ließ mir keine Zeit, die Annahme der Geschenke zu verweigern oder ihm ein Gegengeschenk zu machen.

Doch mir stand in Tunesien noch eine weitere Überraschung bevor. Ins Hotel zurückgekehrt, nahm ich immer

wieder die beiden Sterne des Südens zur Hand, um sie wieder und wieder in allen Details zu betrachten. Als ich einmal gedankenverloren herumschaute, fiel mein Blick auf das Mosaik einer kleinen Brunnenanlage in der Lobby.

Das gibt es doch nicht, die Anhänger müssen doch in das Muster passen (siehe *Abbildung 51*), dachte ich sofort, und tatsächlich: Die Sterne des Südens entpuppten sich als eine Art Zeiger in einem Muster.

Das in *Abbildung 51* gezeigte Muster wird häufig an Türen oder Fenstern von Moscheen als Verzierung gebraucht. Geometrische Formen sind den Muslimen erlaubt, daher hatte ich bis dahin keinen Hintersinn in solchen Mustern vermutet, denen man auf Schritt und Tritt in der islamischen Welt begegnet. Das war jetzt anders. Besonders auffällig war, dass die Nabe des Rades, das dieses geometrische Muster bildet, ihrer Größe nach genau dem Stern des Südens entsprach.

Abbildung 51: Dieses Grundmuster trifft man allerorten in Tunesien, Algerien und Marokko an

Abbildung 52: Muster mit einem der beiden Sterne des Südens.

Abbildung 53: Beide Sterne des Südens übereinander gelegt. Erkennen Sie die blaue Blume, die in der Mitte im Nabel der Figur aufblüht?

In *Abbildung 52* ist einer der beiden Sterne des Südens in der Mitte des Musters platziert. Man erkennt auf diesem Bild noch die Kette, an der Sidi M. die Schmuckstücke um den Hals trug.

Aus der Figur in *Abbildung 53* ist zu ersehen, dass die »Blume des Südens« erblüht, wenn acht Sterne des Südens auf ein solches Muster gelegt werden. Dann hat sich im Inneren, im Nabel, ein Stab gebildet, von dem acht dreieckige Blütenblätter entspringen. Es ist naheliegend anzunehmen, dass alle acht Sterne des Südens mit unterschiedlichen Informationen versehen sind.

Was mochte mir Sidi M. damals zum Abschied wohl wirklich übergeben haben? In meinem Hotel in Tunesien fand ich keine Antwort auf diese Frage. Heute glaube ich zumindest zu wissen, in welcher Richtung ich die Antwort finden werde: in Assyrien vielleicht, im heutigen Irak ... Auf einem Relief aus dieser Gegend, das sich heute im Britischen Mu-

Abbildung 54: Sind die »Blume des Südens« und das »Rad des Südens« identische »Gerätschaften«?

seum befindet, sieht man ein großes Rad auf einem Tisch. Das Besondere sind die Speichen des Rades, sie ähneln genau der »Blume des Südens« (siehe *Abbildung 54*).

Zeigt dieses Relief eine Kraftmaschine, die den Menschen (den kleinen Gestalten) hier von einem überlegenen Wesen übergeben wird?

10

DIE GERETTETEN BRUCHSTÜCKE AUS DER VIERTEN PYRAMIDE

Ein steinernes Lehrbuch der Geheimwissenschaften

Einen poetischen Text, in dem viele Fragen gestellt werden, hat im Jahr 1365 (vier Jahre nach Fertigstellung der Sultan-Hassan-Moschee) der arabische Dichter Kami verfasst. Vor dem Hintergrund der Existenz einer möglichen vierten Pyramide bekommt diese Dichtung eine besondere Bedeutung. Für den Eingeweihten fasst sie den Wissensstand der damaligen Zeit zusammen und deutet im letzten Satz an, wie sensationell dereinst die Entdeckung der Sprache der alten Ägypter sein wird:

Ihr Pyramidenbauer, gar mancher Prediger hat die Herzen gespalten, ohne zu reden! Sie gemahnen mich an ein altes Wort: Wo lebte der, zu dessen Bauten die Pyramiden gehören?

Sind sie ragende Berge, sie steigen über dem Horizonte in einer Höhe auf, die fast die des Saturns überbietet. Wenn sich Chosroes an ihrem Fuße niedersetzte, würde er sich einen Sitzplatz wählen, der an Erhabenheit seinen Palast übertrifft. Sie haben Hitze und Kälte der Zeit jahrhundertelang ertragen, ohne sich über ihre Wechselfälle zu betrüben, und ebenso die Glut der Sonne, das Wehen der Stürme und die Regenfluten.

Hat ein Mensch sie besonders angebetet und gehören die Pyramidenbauten zu seinen Göttern? Oder glaubte jemand, es werde seine Seele nach der Trennung zum Körper zurückkehren, und erkor er sie darum zum Grabe für seine Schätze und seinen Körper, damit er sicher sei vor Gefährdung durch die Sintflut? Oder waren sie Orte zur Beobachtung der Planeten, indem sich der, der sie beobachtete, den vorzüglichsten Platz dazu erkor? Oder wurden sie durch die Kunst der Perser oder Griechen jener Tage als Sternentempel gebaut? Oder hat man auf ihren Wänden eine Wissenschaft eingemeißelt, bei deren Deutung sich die Gedanken verwirren? In

dem Herzen dessen, der sie, um ihr eigentliches Wesen zu er-
kennen, beschaut, bewegen sich Gedanken, bei denen er in
seine Fingerspitzen beißt.[18]

Auch aus der folgenden Überlieferung, die Al-Makrizi zi-
tiert, lässt sich ableiten, dass die Aufzeichnungen aus der
Vorzeit nach der Zerstörung der vierten Pyramide in die
»Halle der Aufzeichnungen« gebracht wurden:

Es wurden an den Pyramiden und an ihren Decken, Wänden
und Säulen alle Geheimwissenschaften, die die Ägypter für
sich in Anspruch nehmen, aufgezeichnet und die Bilder aller
Gestirne daran gemalt, auch wurden die Namen der Heil-
mittel verzeichnet sowie deren Nutzen und Schaden, dazu die
Wissenschaft der Talismane, die der Arithmetik und der
Geometrie und überhaupt ihre sämtlichen Wissenschaften,
deutbar für den, der ihre Schrift und ihre Sprache kennt.[19]

Fest steht aufgrund verschiedener Überlieferungen, dass die
Pyramiden, gleich, wann sie gebaut wurden, innen und
außen mit Informationen bedeckt waren, überwiegend in
Form von Steinmosaiken oder Friesen. Was auch immer damals im Einzelnen geschehen ist, ein Teil der Informationen
der so genannten »farbigen« oder »bunten Pyramide«, womit
meiner Überzeugung nach die vierte Pyramide gemeint ist,
wurde in unterirdischen Räumen in Sicherheit gebracht.

Laut Al-Makrizi wurden diese Räume zur Zeit der Sultane
Saladin und Hassan geleert. Bis dahin waren sie von den
letzten Bewahrern aus Heliopolis gehütet worden.

Mutakarib sagt: Es heißt, man habe in dieser Pyramide an
einer Stelle einen gewölbten Bau entdeckt, auf dessen
Vorderseite sich 3 Pforten befanden, die zu 3 Gemächern

---

[18] Graefe, a. a. O.
[19] Graefe, a. a. O.

führten. Jedes Tor war 10 Ellen lang und 5 Ellen breit und bestand aus behauenem Marmor, der eine treffliche Symmetrie aufwies. Die Außenwände des Baues waren mit blauer Schrift bedeckt, die sie nicht zu lesen verstanden. Sie bemühten sich nun 3 Tage lang unter Aufbietung ihres Witzes, diese Pforten zu öffnen, bis sie schließlich in einer Entfernung von 10 Ellen vor ihnen 3 aufrecht stehende Marmorsäulen erblickten. Durch jede Säule ging der Länge nach ein Spalt, in dessen Mitte sich die Figur eines Vogels befand. In der ersten Säule war die Figur einer Taube, aus grünem Stein; in der mittleren die Figur eines Falken, aus gelbem Stein; in der dritten die Figur eines Hahnes, aus rotem Stein. Als sie nun den Falken bewegten, bewegte sich die Pforte, die ihm gegenüberlag, und als sie ihn ein wenig emporhoben, da hob sich die Pforte; und sie war so gewaltig, dass 100 Männer sie nicht heben konnten. Dann hoben sie auch die beiden anderen Figuren, und es hoben sich die beiden anderen Tore. Sie traten nun in das mittlere Gemach ein und fanden darin drei Totenbahren, die aus durchsichtigen, leuchtenden Steinen gefertigt waren; darauf lagen 3 Leichname; jeder war mit 3 Gewändern bedeckt und hatte neben seinem Haupte ein Buch in unbekannter Schrift liegen. In dem zweiten Gemache fanden sie mehrere steinerne Gesimse, auf denen steinerne Körbe standen, die goldene Gefäße, von wunderbarer Arbeit und mit allerlei Edelsteinen inkrustriert, enthielten. In dem dritten Gemach fanden sie ebenfalls mehrere steinerne Gesimse, auf denen steinerne Körbe standen, die Kriegsgerät und Waffenausrüstungen enthielten. Für ein Schwert davon ergab sich beim Messen eine Länge von 7 Spannen, und die Länge jedes dieser Panzer betrug 12 Spannen.[20]

Diese Beschreibung erinnert unverkennbar an die »Halle der Aufzeichnungen«. Als man im 20. Jahrhundert auf der Suche nach dem großen Geheimnis von Ägypten den sei-

---

[20] Graefe, a. a. O.

nerzeit berühmten Hellseher Edgar Cayce befragte, beschrieb er in mehreren Trance-Sitzungen das Geheimnis der Geheimnisse von Ägypten. Doch die Fragesteller konnten damals mit seinen Antworten wenig anfangen, denn er sprach von Räumen außerhalb, nicht innerhalb der Pyramiden. Cayce berichtete von jener »Halle der Aufzeichnungen«, und wie es aussieht, hat er damit das eigentliche Geheimnis aufgedeckt.

Aber auch mir wurde erst vor ungefähr zehn Jahren der Zusammenhang zwischen den Platten in der Sultan-Hassan-Moschee und Edgar Cayces Beschreibung dieser »Halle« bewusst: Der Gebetshof der Sultan-Hassan-Moschee ist in der Tat eine »Halle der Aufzeichnungen«, auch wenn die ursprüngliche Halle sich an einem anderen Ort befunden haben mag und in der Moschee lediglich Teile der alten Informationen verbaut worden sind.

Mitte der Neunzigerjahre hatte ich zweimal Gelegenheit, die Bodenplatten komplett zu fotografieren, soweit sie mir als Privatmann und Nichtmuslim zugänglich waren. Diese Aufnahmen sind also keineswegs perfekt. Zum Beispiel sind auf manchen Bildern Läufer zu sehen, die man dort ausgelegt hat, um die wertvollen Platten zu schonen. Diese Läufer mögen den einen oder anderen Betrachter stören, aber es kommt hier nicht auf den Gesamteindruck dieser über tausend Quadratmeter großen Fläche an, sondern auf die Details – und darauf, diese Details mit den richtigen Augen zu sehen. Das wollen wir in diesem Kapitel gemeinsam versuchen.

Über Geheimhaltung und fahrlässigen Verrat

Nachdem die Platten in der Moschee mehrfach fotografiert worden sind, macht es keinen Sinn mehr, der Öffentlichkeit den Zugang zum Geheimnis des Sultans Hassan zu verweigern, die Bodenplatten mit Teppichen zu verdecken oder die Informationen zu übermalen: Das Geheimnis ist aufgedeckt, und im Zeitalter des Internets lassen sich einmal vorhandene Informationen ohnehin nicht mehr gänzlich unterdrücken.

Gleichwohl gibt es in Kairo mehrere Bruderschaften und Geheimgesellschaften, die unverdrossen geheime Kenntnisse hüten und den Zutritt zu diesen zu kontrollieren versuchen. Hierzu ist Folgendes zu sagen: Sollten sie auf diese Weise irgendetwas verzögern oder verhindern wollen, dann werden sie erstmals nach Tausenden von Jahren mit der neunschwänzigen Katze der Neunheit von Heliopolis Bekanntschaft machen. Aber auch die vorauseilenden Neugierigen, die glauben, sich einen Vorsprung verschaffen zu müssen, werden in Schwierigkeiten geraten. Sultan Hassan wusste davon und hat diese Warnung in seinem Bauwerk für jedermann sichtbar niedergelegt. Das hat nichts mit Magie oder übersinnlichen Praktiken zu tun, sondern dient dem Schutz von und vor Un- oder Halbeingeweihten, die sich und andere gefährden könnten, wenn sie ein Geheimnis aufdecken, ohne die Folgen auch nur halbwegs absehen zu können.

Würden Sie, liebe Leserinnen und Leser, mir gegenübersitzen, hätte ich also die Kontrolle darüber, an wen ich diesen Hinweis auf die Neunheit von Heliopolis weitergebe, könnte ich natürlich offener darüber sprechen. Da dies aber bei einer Buchpublikation nicht möglich ist, muss ich mich hier mit diesen dunklen Hinweisen begnügen. Wer die Sperren kennt, kann sie aufheben. Mehr möchte ich an dieser Stelle nicht dazu sagen.

Das Erbe des Sultans

Sultan Hassan hat uns eine Mischung aus technischen Zeichnungen, Erklärungen physikalischer und chemischer Prozessabläufe und holographischer Bilder hinterlassen.

Aus allen diesen Kategorien habe ich Belege ausgewählt, die ich Ihnen auf den folgenden Seiten präsentiere. Sultan Hassan und seine Berater sind sicherlich nicht die Urheber dieser Informationen, sondern lediglich Erneuerer der uralten Aufzeichnungen. Letztlich versuche auch ich nichts anderes, als diese Informationen aufs Neue weiterzugeben, wobei mir durch die heutigen Medien natürlich ganz andere Möglichkeiten zur Verfügung stehen. Wenn eines Tages alle Hintergründe bekannt sein werden, möglicherweise auch der Ort, von wo Hassan die alten Überlieferungen geborgen hat, dann wird man auch herausfinden, wie man an die gleichfalls hinterlassenen Audio-Dokumente herankommt, ohne ein kompliziertes Abspielgerät zu besitzen, wie es in fernster Vergangenheit wohl benutzt worden war.

Sehen wir uns nun gemeinsam einige der Bilder aus der »Halle der Aufzeichnungen« an.

Die »Erzahnen«

Zur Einführung hier noch einmal die Abbildung des »Erzahns«, wie ich ihn nenne *(Abbildung 55)*. Man könnte

Abbildung 55: Porträt des »Erzahns«.

meinen, ich hätte dieses Bild aus einem Hollywoodfilm herauskopiert. Aber keineswegs, es stammt aus der Sultan-Hassan-Moschee und wird nur sichtbar, wenn man wie in Kapitel 3 beschrieben fotografisch vorgeht.

In der heutigen Weltraumtechnik ebenso wie von gewissen Hollywoodfilmern werden Elemente verwendet, die auf diesem Bild zu sehen sind. Auffällig sind jedoch die Unterschiede.

Wozu dienten Anzug und Helm?
Unverkennbar trägt das Wesen auf dem Bild einen Anzug mit Helm. Aufgrund unseres heutigen Kenntnisstands können wir annehmen, dass es unsere Luft nicht verträgt. Die Machart des Anzugs, soweit man ihn sehen kann, lässt vermuten, dass der Luftdruck auf der Erde zu hoch oder zu niedrig ist, durch diesen Anzug also ausgeglichen werden muss.

Es könnte aber auch ganz anders sein: Der Anzug samt Helm kann, wie bereits ausgeführt (siehe S. 74), ebensogut dazu dienen, dem »Erzahn« das Überleben in einer Flüssigkeit zu ermöglichen, wie auch immer diese zusammengesetzt sein mag. (Nebenbei gesagt: Die Sage um Atlantis könnte, so gesehen, einen Lebensraum unter Wasser beschreiben – ein Reich, das nicht im Meer versunken, sondern aus diesem aufgetaucht ist und so für die im Wasser lebenden Wesen unbewohnbar wurde.)

Was hat es mit dem Bügel über dem Helm des »Erzahns« auf sich? Hierüber können wir nur spekulieren. Ich nehme aber an, dass es sich um einen Funktionsbügel handelt, in dem zum Beispiel Daten zusammenlaufen.

Woher kam dieser »Erzahn« und was für eine Aufgabe hatte er zu erfüllen? Auch diese Fragen können wir derzeit nicht schlüssig beantworten. Möglicherweise handelt es sich um ein Abbild eines jener Geschöpfe, die uns die Informationen in der »Halle der Aufzeichnungen« hinterlassen haben. Aber diese Annahme muss nicht zutreffen.

Ebenso wäre es möglich, dass uns mit diesem Bild gezeigt werden soll, wie unsere nächsten intelligenten Nachbarn im Weltraum aussehen und unter welchen Umständen sie leben.

Wer sich mit den Details der »Halle der Aufzeichnungen« beschäftigt, muss ohnehin viele Ansichten der vergangenen Jahrtausende über Bord werfen, so beispielsweise die Annahme, dass unsere Erde der Mittelpunkt aller Intelligenz in der Schöpfung sei. Wesen wie das hier abgebildete waren mit hoher Wahrscheinlichkeit nicht auf unserem Planeten zu Hause. Möglich scheint mir schon eher, dass sie sich für eine gewisse Zeitspanne hier aufhielten, um Forschungsprojekte durchzuführen. Nachdem sie auf ihr Heimatgestirn zurückgekehrt waren, blieben die Bewohner der Erde zurück, die sich durch den Kontakt mit jenen intelligenten Geschöpfen entwickelt hatten.

Angenommen, unsere Vorfahren hätten bereits über einen sehr hohen Wissensstand verfügt – wofür die Informationen in der Sultan-Hassan-Moschee eindeutig sprechen –, dann könnten sie beschlossen haben, diese Informationen so zu hinterlassen, dass die Erdbewohner sie finden und verstehen, sobald sie erst einen entsprechenden Entwicklungsstand erreicht haben. In diesem Fall wäre es durchaus sinnvoll, nicht nur Hinweise zum Gebrauch von Mathematik, Physik und Chemie zu überliefern, sondern auch die Lebensumstände anderer Intelligenzen im Weltraum zu dokumentieren. Auf diese Weise könnten wir uns auf Kontakte mit unseren kosmischen Nachbarn vorbereiten und diese, wenn es einmal soweit sein wird, leichter verstehen.

Das Gesicht des »Erzahns«

Form und Stellung der Augen lassen vermuten, dass dieses Geschöpf anders sieht, als wir es gewohnt sind (siehe *Abbildung 56*). Auch deshalb habe ich in diesem Buch dem »Anderssehen« einen größeren Abschnitt gewidmet.

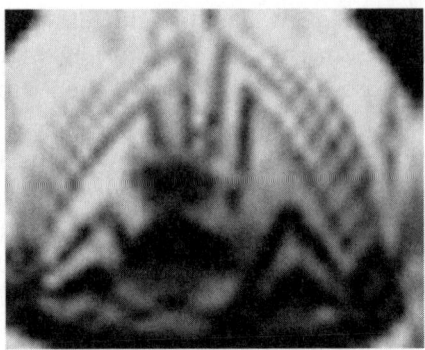

Abbildung 56: Der Kopf hinter dem Schutzhelm (vergrößerte Detailaufnahme).

Die Strukturen des Kopfes deuten auf sich überlappende Schichten hin. Sind dies insektoide Merkmale? Sicherlich ist es keine angenehme Vorstellung, dass es in unserer stellaren Nachbarschaft uns überlegene insektenartige Intelligenzen geben könnte. Und dennoch verhält es sich so, auch nach den Erkenntnissen des Tuareg Sidi M. (siehe Kapitel 9, S. 176). Möglicherweise handelt es sich um eine Spezies, die in einem flüssigen Medium lebt und deren Stoffwechsel über die in der Vergrößerung sichtbaren »Hautspalten« erfolgt.

Auf die Frage, warum diese Spezies sich uns auch in späterer Zeit nicht bemerkbar gemacht hat, erklärte mir Sidi M.: »Die Katastrophe, die seinerzeit zum Bau der Pyramiden führte, hat sicherlich nicht nur unser Sonnensystem getroffen. Andere Intelligenzen wurden wohl genauso zurückgeworfen wie die menschliche Art.«

Das Trancemedium Cayce und die »Halle der Aufzeichnungen«

Hassan bin Mohammad bin Qala'oum, Sultan in Kairo, ließ sich zwischen 1356 und 1365 am Fuß der Zitadelle eine

Grabstätte in Form einer Moschee erbauen. Im heutigen offiziellen Ägypten sind die Beweggründe des Mameluckenherrschers nicht bekannt. Hätte mich nicht im Juli 1969 jener britische Archäologe auf die Herkunft der Bodenplatten in der Sultan-Hassan-Moschee hingewiesen, wäre auch ich diesem Geheimnis wohl kaum auf die Spur gekommen.

Je mehr Details ich in den folgenden Jahrzehnten herausfand, umso neugieriger wurde ich, und als ich merkte, dass man mich systematisch behinderte oder in Sackgassen wies, wollte ich es natürlich erst recht wissen. Die Arbeit ist heute getan, ich weiß, was ich wissen wollte – oder weiß ich nur, was ich wissen sollte? Auch das ist denkbar, aber die ersten Schritte sind jedenfalls gemacht. Diejenigen, die nach mir kommen, werden schon Mittel und Wege finden, das Geheimnis ganz und gar aufzudecken.

Im Oktober 1931 erklärte das Trancemedium Edgar Cayce: »Die späteren Pyramiden, diejenigen, die noch nicht entdeckt worden sind ..., liegen zwischen der Sphinx und dem Nil.« Ferner erklärte er, dass jene »Halle der Aufzeichnungen« sich »unter der Sphinx« befinde und »atlantische Aufzeichnungen« enthalte. Diese letzte Bemerkung hat seither immer wieder zu Aktivitäten um und unter der Sphinx geführt. Um »unter die Sphinx« sehen zu können, hat man vor Jahren mit der Restaurierung dieses Kolosses begonnen. Ende der Neunzigerjahre gab es Berichte, dass Hohlräume lokalisiert worden seien, die aber (zumindest offiziell) bis heute nicht geöffnet wurden.

Was auch immer sich dort befinden mag, es hat meiner Meinung nach nichts mit der Bemerkung von Cayce zu tun. Ich bin überzeugt davon, dass die Informationen aus der alten Zeit auf oder in Stein überliefert worden sind. Die Gesamtheit dieser Aufzeichnungen wurde schon vor tausenden Jahren vom Pyramidenfeld fortgeschafft und zum damaligen Zentrum des Glaubens gebracht, in die Priesterstadt, die von den Griechen später Heliopolis genannt wurde.

Im Februar 1934 äußerte Edgar Cayce: »Die Entität war unter jenen, die beim Bau von einigen dieser noch vorhandenen Bauwerke mitgeholfen haben wie auch bei der Bauplanung der ›Halle der Aufzeichnungen‹, die noch entdeckt werden muss, wo viel ans Licht kommen wird.«

Unter der »Entität« verstehe ich hier »das Wissen von dem, was ist« und demnach eine Bezeichnung für naturwissenschaftliche Erkenntnis. Die von Cayce so bezeichnete »Halle der Aufzeichnungen« jedenfalls war offenbar eher ein Bauwerk als ein »Raum« innerhalb eines Bauwerks. Warum sonst sollte eine »Bauplanung« für diese »Halle« erforderlich gewesen sein?

Einige weitere Aussagen von Cayce sind für unser Thema von größter Bedeutung:

Die erste Zerstörung eines Teiles von Atlantis scheint zufällig gewesen oder aber durch explosive Stoffe verursacht worden zu sein, die außer Kontrolle gerieten ... Die »Entität« konnte Flugzeuge und Schiffe lenken. Die zweite Zerstörung ist durch den Gebrauch dieser Kräfte zustande gekommen. (Februar 1932)

Die Entität war damals in etwa das, was man heute als Elektroingenieurswesen bezeichnen würde: Denn die Entität wendete jene Kräfte zur Lenkung von Flugzeugen, Schiffen und dessen an, was man heute als Strahlen bezeichnen würde, und dies sowohl für zerstörerische wie auch für konstruktive Zwecke. (April 1938)

Die Entität schwankte zwischen den beiden Möglichkeiten. Als die Anwendung jener Strahlen, die zuvor nur für gemeinnützige Zwecke angewendet wurden, missbraucht wurde und es zu Zerstörungen kam, missbrauchte auch die Entität ihre Fähigkeiten. (Februar 1939)

Edgar Cayce erwähnt übrigens auch einen »Tuaoi-Stein«, von dem jene »Kräfte« ausgingen. Dieser Stein, den die

Ägypter Benben nannten, stand offenbar jahrtausendelang im Mittelpunkt des Kults in Heliopolis.

In der atlantischen Zeit lenkte man mit diesem Stein Flugzeuge oder sonstige Fortbewegungsmittel, man bewegte sich damit in der Luft, im Wasser ... (Juli 1940)

Cayce schrieb auch, dass die Entität mit jenen Menschen zu tun hatte, die mit mechanischen Geräten befasst waren. Wie er außerdem erklärte, wurde jener Stein in einem Bauwerk aufbewahrt, dessen Innenwände mit nichtleitenden Metallen überzogen waren. Das Bauwerk bezeichnete er zudem als eine Art Dom, der geöffnet und geschlossen werden konnte.

Ich hatte Cayce vorher nie gelesen, und ohne den Grundriss der Sultan-Hassan-Moschee und das mit den Jahren angesammelte Wissen um die Sultan-Hassan-Moschee hätte ich diese Bemerkung auch nicht verstanden.

Der Grundriss der Sultan-Hassan-Moschee

Meine Suche nach dem Grundriss der Sultan-Hassan-Moschee war ein Abenteuer für sich. Als ich in den Siebzigerjahren arglos in Kairo danach fragte, stellten sich die Ägypter an, als ob ich das größte Militärgeheimnis des Landes ausspionieren wollte. Also blieb mir nichts anderes übrig, als außerhalb Ägyptens nach einem Grundriss der Moschee zu suchen. In Paris wurde ich endlich fündig. Hier ist er also, in der Fassung der napoleonischen Wissenschaftler sowie in der aktuellen Version (siehe *Abbildung 57*). Bei einem Vergleich erkennt man, dass die Zeichner Napoleons im Bereich des »Krankenhauses« – auf dem Plan oben rechts – eine andere Situation vorgefunden hatten. Anscheinend wurde in diesem Bereich in den letzten zwei-

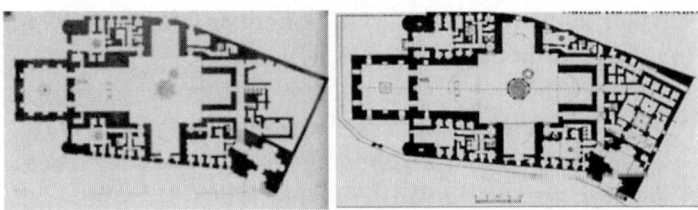

Abbildung 57: Grundrisse der Sultan-Hassan-Moschee; *links* aus napoleonischer, *rechts* aus heutiger Zeit.

hundert Jahren einiges umgebaut und die ursprüngliche Anordnung der Räume wiederhergestellt.

Versuchen Sie doch einmal, wie in einem Suchbild die Unterschiede zu entdecken, und entscheiden Sie, sobald Sie die folgenden Seiten gelesen haben, welcher der beiden Grundrisse dem vermuteten Original am nächsten kommt. Überhaupt müssen wir versuchen, das Wesentliche im Grundriss der Sultan-Hassan-Moschee zu entdecken, dem Herzstück des Ganzen.

Fest steht jedenfalls das Folgende: Während seiner Herrschaft gelangte Sultan Hassan auf irgendeine Weise in den Besitz von Bauplänen der vierten Pyramide. Diese Schlussfolgerung lässt sich durch Analyse des Grundrisses seiner Moschee untermauern.

Vieles spricht auch dafür, dass die im islamischen Raum unüblichen Marmorplatten, die Hassan im Gebetshof der Moschee verbauen ließ, von der Außenverkleidung der Gizeh-Pyramiden stammten. So lauteten jedenfalls meine ersten Informationen im Jahr 1969. Auch die drei erhaltenen großen Pyramiden auf dem Plateau von Gizeh sind im Grunde nur noch Überreste der einstigen Bauwerke, die von muslimischen Sultanen im 13. und 14. Jahrhundert weitgehend zerstört wurden. Die eigentliche Triebfeder für dieses Verwüstungswerk war wohl schlichte Geldgier.

Abu l-Hasan al-Masùdi über die Zerstörung der Pyramide

Als der Kalif Àbdallah al-Ma'mun, der Sohn Harun ar-Rasids, nach Ägypten kam und die Pyramiden besuchte, hegte er den Wunsch, eine von ihnen zu zerstören, damit er wisse, was ihr Inneres berge. Man sagte ihm: »Das steht nicht in deiner Macht!« Doch er erwiderte: »Sie soll auf jeden Fall an irgendeiner Stelle geöffnet werden!«

Da stellte man für ihn die noch heutigen Tages vorhandene Öffnung her; dazu brauchte man Feuer, Essig und eiserne Brechstangen, und Schmiede mussten sich daran abmühen, so dass er große Summen darauf verwendete. Man fand, dass die Dicke der Mauern annähernd 20 Ellen betrug, und als man ans Ende der Mauer gelangt war, entdeckte man hinter dem Eingangsstollen ein Gefäß von grüner Farbe, in dem sich gemünztes Gold befand; jede Münze davon wog 1 Ukija und die Zahl der Münzen belief sich auf 1000. Da begann sich al-Ma'mun über dieses Gold und über seine Vorzüglichkeit zu wundern. Dann ließ er zusammenrechnen, was er für die Herstellung der Bresche verausgabt hatte, und es ergab sich, dass die Summe des gefundenen Goldes ganz genau jenen Ausgaben gleichkam. Da geriet er in großes Erstaunen darüber, dass sie gewusst, was er ausgeben werde, und die genau entsprechende Summe an dem Orte hinterlassen hatten. Das Gefäß aber, in dem man das Gold fand, soll aus Chrysolith gewesen sein, und es wurde auf Befehl al-Ma'muns nach seinen Schatzkammern gebracht; danach ließ er nichts mehr von den Wundern Ägyptens wegschaffen.[21]

---

[21] Graefe, a. a. O.

Ein todsicheres Versteck

Möglicherweise rührt der Eifer, die Pyramiden ihrer Außenverkleidung zu berauben, von dem angeblichen Schatzfund her, von dem Abu l-Hasan al-Masùdi berichtet (siehe S. 173).

Spielen wir nun aber zunächst einmal modellhaft durch, wie Sultan Hassan seinerzeit vorgegangen sein könnte. Nehmen wir an, er oder seine Leute hätten bedeutende Bruchstücke aus der einstigen vierten Pyramide gefunden. Was würde der Sultan in dieser Situation als Erstes unternehmen? Er könnte den Schatz

- in seiner Schatzkammer aufbewahren,
- verkaufen,
- seinen Nachkommen vererben oder
- zum Schmuck seines Palasts verwenden.

Könnte er all das wirklich tun? Nur unter der Voraussetzung, dass ihm die Zeit nach ihm gleichgültig wäre. Andernfalls aber müsste er sich zu einem verantwortungsvollen Umgang mit diesem Erbe der Menschheit veranlasst sehen, wenn ihm die Herkunft oder Bedeutung des Schatzes bekannt geworden wäre.

Von letzterem Fall sollten wir ausgehen, denn es ist überliefert, dass Hassan die Pyramiden schleifen lassen wollte, um ihnen ihr Geheimnis zu entreißen. Doch auf einmal ließ er von diesem Vorhaben ab, angeblich aus Geldmangel – vielleicht aber auch, weil ihm das Geheimnis der Pyramiden auf anderem Wege gezeigt worden war.

Unterstellen wir, dass er sich fortan künftigen Generationen verpflichtet gesehen hat, dann musste er sich um einen geeigneten Aufbewahrungsort für die überlieferten Schätze kümmern. Die beste Lösung bestand sicher darin, ein unantastbares Bauwerk zu errichten, denn alle Höhlen oder sonstigen Verstecke werden früher oder später von Räubern geplündert. Da selbst Langfinger unter den Muslimen es nicht wagen würden, eine Moschee auszurauben, und da

Gotteshäuser zudem ständig von Gläubigen bewacht werden, verfiel Sultan Hassan auf den Gedanken, die unschätzbar wertvollen Fundstücke in einer Moschee zu verwahren. Um ganz sicher zu gehen, dass dieses Bauwerk nicht zum Zankapfel verschiedener Richtungen innerhalb des Islam werden könnte, sah er zudem von vornherein auch eine Koranschule innerhalb der Moschee vor, in der alle vier sunnitischen Lehrmeinungen gleichberechtigt vertreten sein sollten. Denn auf keinen Fall durfte er den Eindruck erwecken, dass er die Gebote des Korans und des Propheten Mohammed verletzte, indem er das heikle Menschheitserbe sicherte.

Aus der Sicht des durchschnittlichen muslimischen Gläubigen hatten die Schrifttafeln jedoch ein ungewöhnliches Aussehen. Daher entschlossen sich der Sultan und seine Mitstreiter, die überlieferten Platten in drei Kategorien aufzuteilen und entsprechend zu verbauen:

- Unbedenkliche Komponenten wurden sichtbar innerhalb der Moschee installiert;
- für heiklere Elemente wurden verdecktere Orte gewählt;
- Platten mit Botschaften, die gegen den Islam verstoßen hätten oder heftig umstritten gewesen wären, wurden unsichtbar angebracht.

Darüber hinaus mag es natürlich auch Fundstücke aus der »Halle der Aufzeichnungen« gegeben haben, die – aus welchen Gründen auch immer – überhaupt nicht in der Moschee verbaut, sondern an einen ganz anderen Ort verbracht wurden. Künftigen Erforschern der Geheimnisse um Heliopolis könnten in dieser Hinsicht noch einige Entdeckungen gelingen.

Die offiziellen Funktionen der Sultan-Hassan-Moschee waren die folgenden: Das Bauwerk sollte

- ein Gebetshaus für die Gläubigen,
- ein Mausoleum für den Erbauer nach seinem Tod,
- eine Koranschule für die vier sunnitischen Grundrichtungen sowie
- Krankenstation und Armenspeisung

beherbergen. In diese offiziellen Bereiche wurden nun die Fundstücke aus der »Halle der Aufzeichnungen« so geschickt eingefügt, dass sie wie selbstverständliche Bestandteile des Mausoleums, des Gebetshauses oder der Koranschule wirken und somit für jeden frommen Muslim bis heute unantastbar sind.

Als Hassan die Fundstücke im 14. Jahrhundert entdeckte, müssen sie schon mindestens eineinhalb Jahrtausende lang unrestauriert in wechselnden Verstecken gelegen haben. Ob diese Platten (falls es sich noch um die Originale handelte) nun drei-, vier- oder sogar sechstausend Jahre alt gewesen sein mögen, ihr Zustand kann damals jedenfalls nicht der beste gewesen sein. Daher ist es denkbar, dass Hassan Kopien dieses Fundes anfertigen und nur diese Kopien verbauen ließ. Meiner Meinung nach befinden sich in seinem Bauwerk jedoch fast ausnahmslos Originale.

Vieles spricht dafür, dass zu dem Schatz aus der »Halle der Aufzeichnungen« auch etliche Baupläne gehörten. Wenn dem so ist, dann liegt der Gedanke nahe, dass sie im Grundriss der Sultan-Hassan-Moschee selbst dokumentiert wurden – eine ebenso diskrete wie praktisch unzerstörbare Methode, geheime Botschaften über lange Zeiträume zu überliefern (siehe Kapitel 6, S. 117). Tatsächlich wurden, wie ich noch zeigen werde, vier verschiedene Baupläne aus der »Halle der Aufzeichnungen« an- oder ineinander verbaut. Hierzu aber können die seinerzeitigen Baumeister nur fähig gewesen sein, weil Sultan Hassan oder seine Berater die zugrunde liegenden Zusammenhänge durchschaut hatten.

Der vierteilige Grundriss

Wer sich den Grundriss der Moschee genauer ansieht, wundert sich, warum die Anlage derart »über Eck« gebaut worden ist. Der Bauplatz am Fuß der Zitadelle war sicherlich beengt, aber der Sultan hätte zweifellos auch einen Baugrund finden können, der keine derartigen Einschränkungen auferlegte. Es könnte sich also auch umgekehrt so verhalten, dass man mit Bedacht einen Bauplatz wählte, dessen Grenzen den aus anderen Gründen bevorzugten Bauplan scheinbar erklären.

Zerlegt man den Grundriss in seine offiziellen Funktionsbereiche – Mausoleum, Moschee, Koranschule und Krankenhaus –, dann erkennt man, dass das Gebäude zwei Längsachsen besitzt, die in einem Winkel von etwa dreißig Grad zueinander stehen (siehe *Abbildung 58*). Der rechte Teil und drei weitere Teilpläne sind zudem, wie bei einem Puzzle, zu einem Ganzen zusammengefügt.

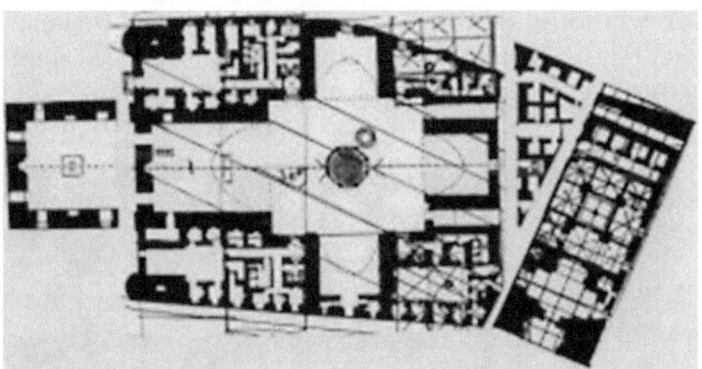

Abbildung 58: Der Grundriss der Sultan-Hassan-Moschee, in seine vier Einzelpläne zerlegt. Man erkennt, wo die Pläne beschnitten worden sind. Ein Gitternetz ermöglicht uns, die Ergänzungen vorzunehmen.

In *Abbildung 58* erkennt man ganz links das Mausoleum des Hassan. (Bemerkenswerterweise ist sein Grab übrigens leer.) Der Mittelteil umfasst die Moschee mit dem großen Gebetshof, Nebenräumen und Koranschule. Rechts davon ist ein keilförmiger Teil zu sehen, der auf den ersten Blick keinen Sinn ergibt: Er scheint nur eingefügt zu sein, um eine Verbindung zu dem rechten Flügel herzustellen, der um zirka dreißig Grad vom Hauptgebäude versetzt ist.

Ergänzt man nun am Mittelteil, also am Grundriss des Gebetshauses, die fehlende Grundfläche, die scheinbar abgeschnitten ist, dann ergibt sich ein ganz neues Bild. Das Gleiche zeigt sich beim Grundriss für den äußeren rechten Teil der Anlage. Deutlich wird das aber erst, wenn man ein Gitternetz anfertigt, dessen Abmessungen durch die Grundmauern vorgegeben werden.

Auf dem äußersten rechten Grundrissabschnitt (siehe *Abbildung 59*) erkennt man, dass sich dort im mittleren Teil eindeutig ein Drei-mal-drei-Feld ergibt. Das könnte unter anderem auf die Neunheit von Heliopolis hindeuten.

Ist dieses zentrale Gitter aus drei mal drei Feldern erst einmal erkannt, erschließt sich dem Betrachter auch der Gesamtgrundriss, der aus insgesamt drei solchen Drei-mal-drei-Feldern besteht. Das gesamte »Schachbrett« hat somit siebenundzwanzig (neun mal drei) Felder.

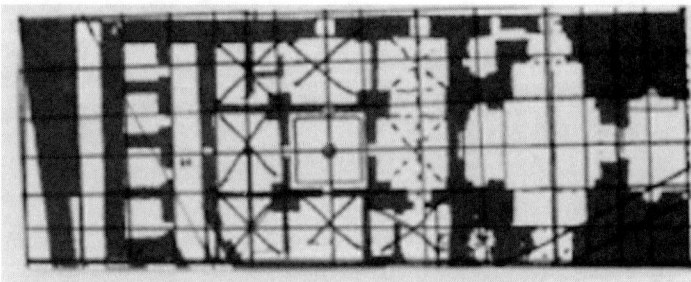

Abbildung 59: Der Grundriss des rechten Flügels der Moschee mit den eingezeichneten neun mal drei Feldern.

Das gleiche Muster von Feldern lässt sich im Hauptteil des Plans – dem Gebetshof und den Koranschulen der Moschee – wiederfinden. Ergänzt man im Gesamtplan (siehe *Abbildung 58*) die abgeschnittenen Teile entsprechend, so erhält man wiederum das gleiche Muster.

Aber zurück zum rechten Flügel *(Abbildung 59):* Im oberen Bereich (in der Abbildung *links*) befinden sich vier Kammern und zwei Gänge, im mittleren Bereich ein Grundriss mit drei mal drei Feldern. Im unteren Bereich sieht man einen Grundriss, der auf den ersten Blick willkürlich geformt scheint. Vergrößert man diesen Teil, stößt man auf eine erstaunliche Figur (siehe *Abbildung 60*). Ich habe dieses Bild verschiedenen Leuten vorgelegt, ohne zu erklären, dass es sich um einen Grundriss handelt. Alle, ohne Ausnahme, stutzten und erkannten in diesem Muster ein kompliziertes, zweifellos modernes Gerät oder sogar einen Weltraumsatelliten.

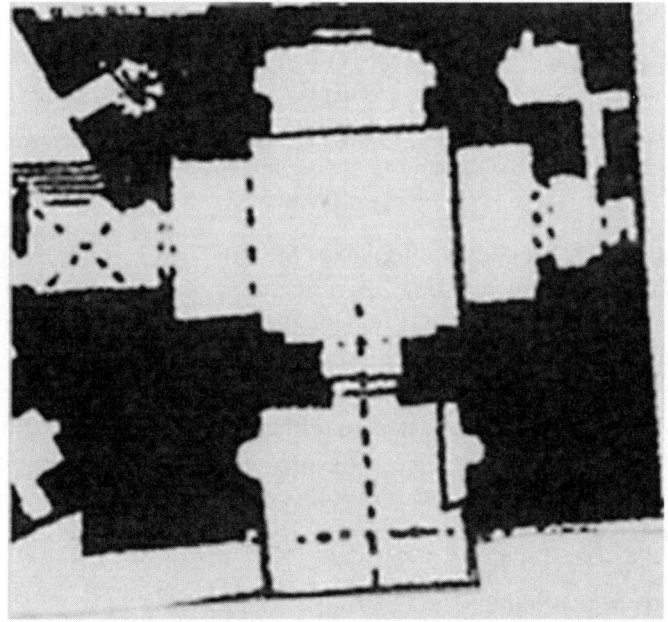

Abbildung 60: Vergrößerter Ausschnitt aus dem Grundriss des rechten Flügels.

Fasst man die Einzelheiten dieses Planabschnitts zusammen, dann ist die Schlussfolgerung erlaubt, dass die im Detail eingearbeiteten Pläne mit dem Hauptteil der Moschee in Zusammenhang stehen (vergleiche *Abbildung 60* mit dem Mittelteil von *Abbildung 58:* es erweist sich eine erstaunliche Ähnlichkeit). Eigentümlich ist allerdings der Bruch von dreißig Grad zur Mittelachse des Generalplans. Doch auch dieser Bruch hat eine Funktion, wie wir gleich sehen werden.

Warum wurde der rechte Flügel gerade um dreißig Grad vom Hauptgebäude versetzt? In die so entstandene Lücke wurde ein keilförmiger Gebäudeteil eingefügt, der sich verzwölffacht zu einem Kreis schließen lässt (siehe *Abbildung 61*).

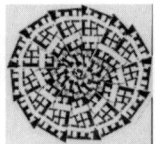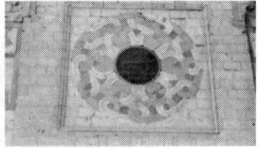

Abbildung 61, links: Der Grundriss des »Keils«; *Mitte:* der verzwölffachte Keil; *rechts:* Kreismuster an der Außenfassade der Moschee.

Für mich ist augenfällig, dass Sultan Hassan oder seine Baumeister mit diesem einen Segment *pars pro toto* einen ganzen Kreis dargestellt haben. Was immer es versinnbildlichen mag, es war den Initiatoren des Moschee-Baus wichtig genug, es als Vorlage für die Nachwelt einzufügen. Mehr noch, sie brachten an der Außenfassade des Gebäudes eine kreisförmige Scheibe an, wie um auf die in den Grundriss eingearbeitete Kreissymbolik ganz besonders hinzuweisen.

Das Mausoleum
Der äußerste linke Bauteil des Komplexes ist das Mausoleum, das der Sultan für sich selbst errichten ließ (siehe *Ab-*

bildung 58). In dem Mausoleum ist Hassan allerdings nicht beigesetzt worden. Das wird heute damit erklärt, dass er noch vor Vollendung seines Mausoleums gestorben sei und somit an einer anderen Stelle beigesetzt wurde. Die Fremdenführer vor Ort erzählen, wenn sie gut aufgelegt sind, dass die Gläubigen die Stirn runzeln, weil Hassan sich hinter dem Allerheiligsten beerdigen lassen wollte statt vor der Gebetsnische. Daraus wird abgeleitet, dass der Sultan hochmütig gewesen sei.

Ergänzt man das Dreieck des Grundrisses zu einer Raute, dann kommt man an einen Punkt, der vermutlich der wahre Beerdigungsplatz von Hassan ist. Auch ist an einer auffälligen Stelle im Gebetshof ein Marmormuster in der Machart eines Gebetsteppichs zu sehen, was gleichfalls auf seinen wahren Beerdigungsplatz hinweisen könnte.

Falls diese Vermutung zutrifft, wäre Sultan Hassan mit den vor der Gebetsnische versammelten Betern im Geiste vereint.

Gebetshof und »Halle der Aufzeichnungen«

Aufschlussreich ist auch die Gemäuerposition des Haupt- und Mitteltrakts der Moschee. In *Abbildung 62* sind außerdem die Nordost-Südwest-Achsen eingezeichnet, mit deren Hilfe ich einem möglichen Bezug zur Ausrichtung der Pyramiden von Gizeh auf die Spur zu kommen hoffte – bisher jedoch ohne Erfolg.

Das Gitter des Grundrisses der Moschee besteht aus $4 \times (3 \times 3) \times 4 = 144$ Feldern. Dieses Detail spielt bei der weiteren Betrachtung der Konstruktionspläne eine Rolle, darum hebe ich es schon an dieser Stelle hervor.

Der in *Abbildung 62* wiedergegebene Hauptteil des Gesamtgrundrisses enthält die augenscheinlichsten Teile aus der »Halle der Aufzeichnungen«. Hier deutet nicht nur der Grundriss, sondern vor allem der Dekor des Fußbodens darauf hin, dass wesentliche Bruchstücke aus der uralten Hinterlassenschaft an diesem Ort verbaut wurden.

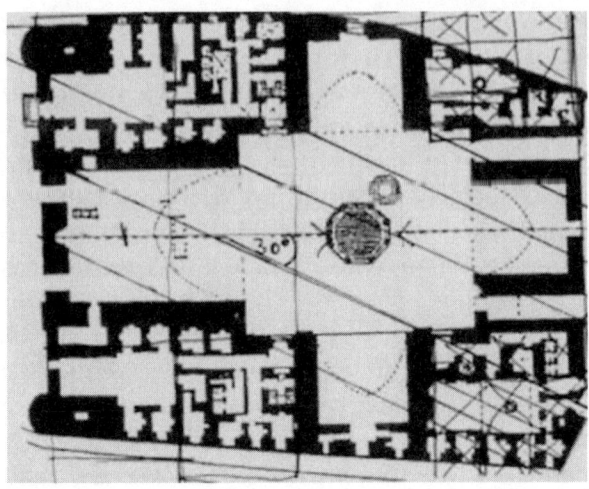

Abbildung 62: Grundriss des Hauptgebäudes der Moschee mit Gebetshof.

In *Abbildung 62* habe ich die Mittelachse des Hauptbaus
eingezeichnet und die Mittelachse des Nebenbaus bis zum
Schnittpunkt verlängert. Beide Achsen schneiden sich in
einem Winkel von etwa dreißig Grad. Im oberen rechten
und unteren linken Eck haben die Bauleute Hassans das
rechtwinklige Format beschnitten – ohne zwingende Notwendigkeit, denn man hätte die Moschee ohne weiteres
etwas bergwärts versetzt errichten können. Ergänzt um die
fehlenden Stücke, lässt sich ein Gitternetz von zwölf mal
zwölf Feldern einzeichnen, die sich aus der Logik des Baus
ergeben.

Zentrum dieses Teils der Anlage ist zweifellos der Gebetshof mit den beiden Brunnen. Nur bei eingehender Betrachtung des Grundrisses fällt auf, was vor Ort für den Besucher
nicht sichtbar ist: Einige Kammerwände sind versetzt angeordnet, als ob man sie in der ursprünglichen Konstruktion
hätte zusammenschieben können.

Der Grundriss zeigt uns, dass die beiden Brunnen zum
Mittelpunkt einer Kammer werden, wenn man die Nischen

der Ost- und Westseite zusammenschiebt (siehe *Abbildung 63*). Die realen Mauern sind sicherlich nicht verschiebbar, und vor Ort bemerkt der Besucher auch nichts dergleichen. Erst die genaue Analyse des Grundrisses bringt diese Möglichkeiten zutage. Da sich – vermutlich über Jahrhunderte hinweg – niemand für den Grundriss der Moschee interessierte, kam folgerichtig auch niemand auf die Idee, ausgerechnet dort, im Zentrum einer von tausenden Gläubigen besuchten Moschee, ein großes Geheimnis zu vermuten.

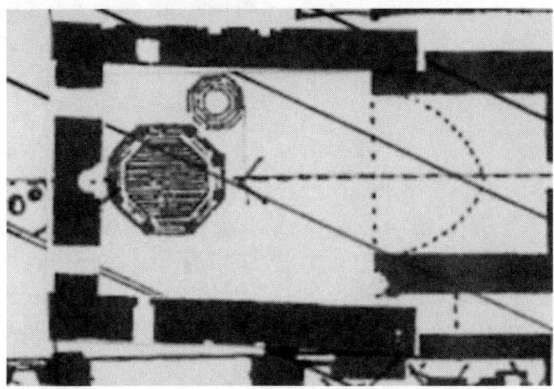

Abbildung 63: Die beiden Bauteile lassen sich theoretisch bis zum Anschlag zusammenschieben. Beide Brunnen sind dann in einer Kammer eingeschlossen.

Vergrößert man jedoch weitere Bauplanausschnitte rings um den zentralen Gebetshof, erkennt man wiederum Umrisse, die sehr an Maschinen erinnern (siehe *Abbildung 64*, S. 220). Die Vielzahl solcher Apparate-Silhouetten im Grundriss der Sultan-Hassan-Moschee kann gewiss nicht als reiner Zufall abgetan werden.

Die geheime Pyramidenmaschine
Was für ein Geheimnis aus der vierten Pyramide bildet sich vor unseren Augen aus, wenn wir Bewegung in die Grundmauern bringen?

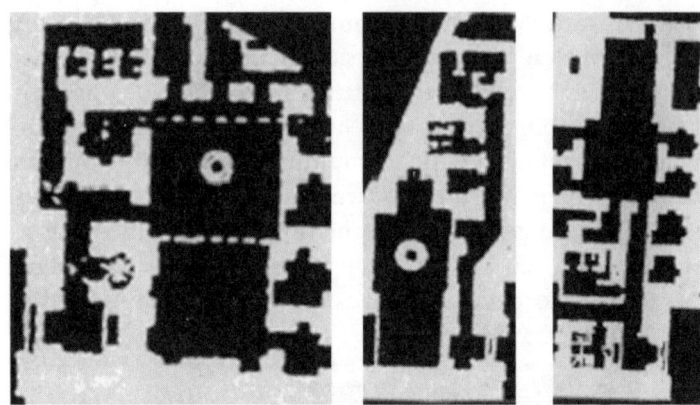

Abbildung 64: Drei weitere Details aus dem Bauplan, diesmal negativ dargestellt.

Um dieses Mysterium zu enthüllen, schneiden wir das Gemäuer auf dem Plan aus und schieben es zusammen. Entstand innerhalb der vierten Pyramide auf diese Weise eine Art Kraftstrahl, der durch die Mittelöffnung nach außen geleitet wurde – zum Beispiel nach Heliopolis, wo die Obelisken diesen Kraftstrahl auffingen?

Die Vermutung liegt nahe, dass es sich bei der hier entdeckten »Pyramidenmaschine« um das Gerät aus *Abbildung 60* handelt. Lassen Sie uns das hier Entdeckte einmal mit Magneten nachspielen. Nehmen wir an, es handele sich um Hufeisenmagnete, dann hätten wir eine Anordnung von Nord- und Südpol der Magneten vor uns, wie sie *Abbildung 66* zeigt.

Je länger ich mich in den Grundriss der Sultan-Hassan-Moschee vertiefte, desto sicherer wurde ich, dass die Bauleute Hassans mit raffiniertem Vorbedacht gearbeitet hatten. Kein Zweifel, hier waren Kundige am Werk gewesen. Die Bruchstücke aus der »Halle der Aufzeichnungen« in eine Moschee zu übertragen erforderte, dass die Verantwortlichen zum einen beurteilen konnten, was von größter Bedeutung war, und zum anderen das entsprechende archi-

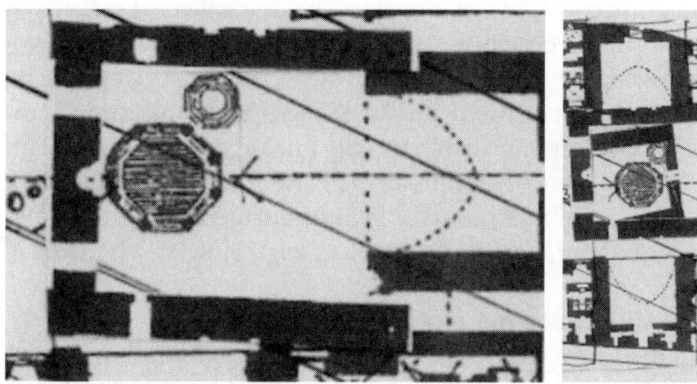

Abbildung 65: Das Herzstück eines Bauplans für eine Pyramiden-maschine. *Links:* Die beiden Bauteile lassen sich theoretisch bis zum Anschlag zusammenschieben. Beide Brunnen sind dann in einer Kammer eingeschlossen. – *Mitte:* Die ineinandergeschobene mittlere Kammer weist nun eine Verbindung mit den beiden Ni-schen auf. In der Mitte links befindet sich die Nische, die in der Moschee in Richtung Osten weist. Weiter rechts wird eine Öffnung im Gemäuer sichtbar, durch die »etwas« austreten kann.

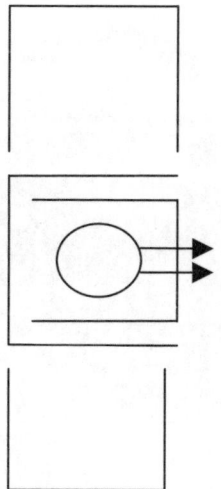

Abbildung 66: Bewirkte dieses Zusammenspiel von Magneten in Verbindung mit der »Pyramidenmaschine« eine drahtlose Energie-übermittlung?

tektonische Können besaßen. Beides haben sie überzeugend unter Beweis gestellt. Und wie weit damals wohl vorausgedacht wurde, sieht man auch daran, dass wesentliche Informationen nicht nur in Mauern und Ausschmückungen, sondern im Grundriss selbst niedergelegt wurden. Um diesen zu zerstören, müsste man also nicht nur das Bauwerk schleifen, sondern auch die Grundmauern entfernen. Das aber kommt, wie die Geschichte zeigt, äußerst selten vor.

Das Herzstück der altägyptischen Technik

In der Mitte des Gebethofs steht der Ritualbrunnen, der offiziell den vorgeschriebenen Waschungen der Gläubigen dient (siehe *Abbildung 67*). Daneben aber haben wir ihn als Bestandteil aus der »Halle der Aufzeichnungen« identifiziert: Schiebt man die beweglichen Wände zusammen, bildet er das Herzstück der altägyptischen Technik.

Abbildung 67: Der Ritualbrunnen im Hof der Sultan-Hassan-Moschee.

Was ist das Besondere an diesem Brunnen? Es ist das Motiv des achtseitigen Stabes, das in den Bodenplatten immer wiederkehrt. Erst auf den zweiten Blick ist zu sehen, dass es sich um acht Seiten handelt. Man erkennt auf jeder Seite oben eine Kugelfläche, darunter zwei weitere nach unten abgehende Bahnen. Auffällig ist jedoch, dass diese achteckige Säulenkonstruktion eine Kugel (repräsentiert durch die Kuppel) trägt. Aus der Vergangenheit von Heliopolis ist überliefert, dass sich dort im Tempel beständig eine gewaltige Kugel gedreht haben soll.

Als die französischen Kupferstecher während der Ägyptenexpedition vor zweihundert Jahren alle archäologischen Auffälligkeiten zu erfassen und zu katalogisieren versuchten, zeichneten sie unter anderem ein Gebilde, das als Auflage für eine Kugel gedient haben könnte. Vergleichen Sie die drei Bilder in *Abbildung 68* einmal miteinander. Achten Sie auf den Zahnkranz in diesem Stich, man erkennt ihn in einer Zeichnung auf dem Fußboden der Moschee wieder.

Abbildung 68, links: Der Brunnen im Gebetshof der Sultan-Hassan-Moschee; *Mitte:* die von napoleonischen Zeichnern dokumentierte Halterung; *rechts:* Darstellung auf dem Fußboden der Sultan-Hassan-Moschee.

Die Brunnensäulen nebst aufgesetzter Kugel *(Abbildung 68 links)* zeigen das Gerät im ausgeschalteten Zustand. Könnte es sich um eine Energiekugel handeln, die man durch einen Kranz von »Dreiecken« einschalten kann? Oder war das kugelartige Gebilde nur die Hülle für die Kraftmaschine der alten Ägypter?

In Heliopolis jedenfalls handelte es sich bei dieser Kugel um das höchste dort zu hütende Gut. Auffällig ist, dass auch Sultan Hassan diesem Objekt den heiligsten Platz innerhalb der Moschee zugewiesen hat.

Die Darstellung des Höchsten

Seinerzeit hatte ich eine Reihe Fotos auch von den Nischen der Moschee gemacht. Doch erst bei den Vorarbeiten zu diesem Buch fiel mir der Kunstgriff auf, den die Bauleute Hassans hier angewendet haben, um die beiden Welten – die altägyptische und die islamische – gleichrangig miteinander zu verbinden.

Hierbei kommt es sowohl auf die Perspektive als auch auf die oben gezeigte Technik an, nur eine Hälfte des Ganzen darzustellen, um den wahren Inhalt zu verbergen (siehe *Abbildung 69*).

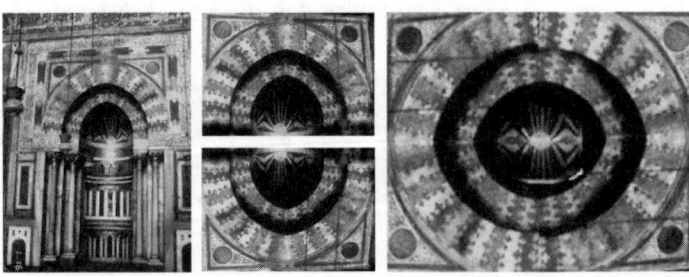

Abbildung 69: Die Gebetsnische in der Sultan-Hassan-Moschee. *Links:* die Nische als Ganzes. *Mitte:* Die obere Hälfte des Bildes wird verdoppelt und spiegelverkehrt angesetzt. *Rechts:* das unvollkommene und doch beeindruckende Ergebnis.

Der Brunnen ist die dreidimensionale Darstellung dessen, was in der Nische zu sehen ist.

Das Gebilde in der Mitte von *Abbildung 69 (rechts)* stellt die Energieform dar, auf die uns die Vorfahren in der »Halle der Aufzeichnungen« aufmerksam machen wollten. Deutlich zeigt das die Vergrößerung, negativ wiedergegeben in

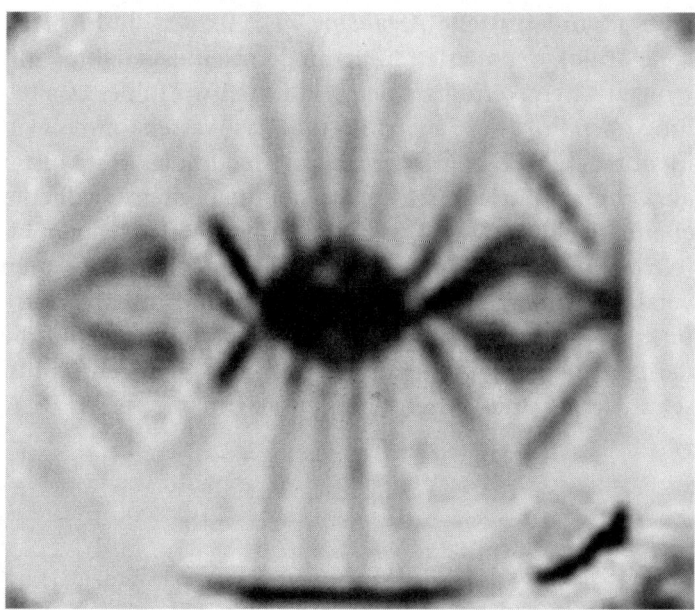

Abbildung 70: Im Negativ besser zu erkennen: Im Zentrum befindet sich das von Kundigen als Geißeltierchen bezeichnete Energiebündel.

Abbildung 70. Unseren Wissenschaftlern bleibt es vorbehalten, diese uralten Erkenntnisse und Techniken für unsere Zeit neu zu entdecken und technisch umzusetzen.

Ein Lehrbuch altägyptischer Chemie aus der vierten Pyramide?

Wenn wir nicht intelligent genug sind, die Hinterlassenschaft unserer Vorfahren zu lesen, haben wir auch nicht das Recht, über die Intelligenz dieser Vorfahren vorschnell zu urteilen.

Was auf den ersten Blick wie Schnörkel und Verzierungen aussieht, ist auf den zweiten Blick eine Formelschrift, mit der offenbar chemische oder biochemische Prozesse festgehalten wurden (siehe *Abbildung 71*). Als ich die in *Abbildung 71* dokumentierten Bilder in den Neunzigerjahren mit einigen Chemikern diskutierte, konnten wir in der Darstellung oben links das Sauerstoff- und das Wasserstoffmolekül identifizieren. Was wie ein sich wiederholendes Muster aussieht, entpuppt sich als Darstellung unterschiedlicher chemischer Reaktionen, weil die Farben der einzelnen Täfelchen immer wieder wechseln. Demnach müsste man versuchen, die geometrischen Formen und ihre Verknüpfung mit den jeweiligen Farben zu katalogisieren und die darin niedergelegte chemische Information zu entschlüsseln. Hierbei sind Wissenschaftler der Chemie gefragt.

Abbildung 71: Sieht so die chemische Formelschrift der alten Ägypter aus?

Auf den folgenden Seiten gebe ich zwei Zeilen aus dem steinernen Chemiebuch der alten Ägypter wieder (siehe *Abbildungen 72* und *73*). Da wir derzeit noch nicht wissen, ob diese Zeilen von links nach rechts oder von rechts nach

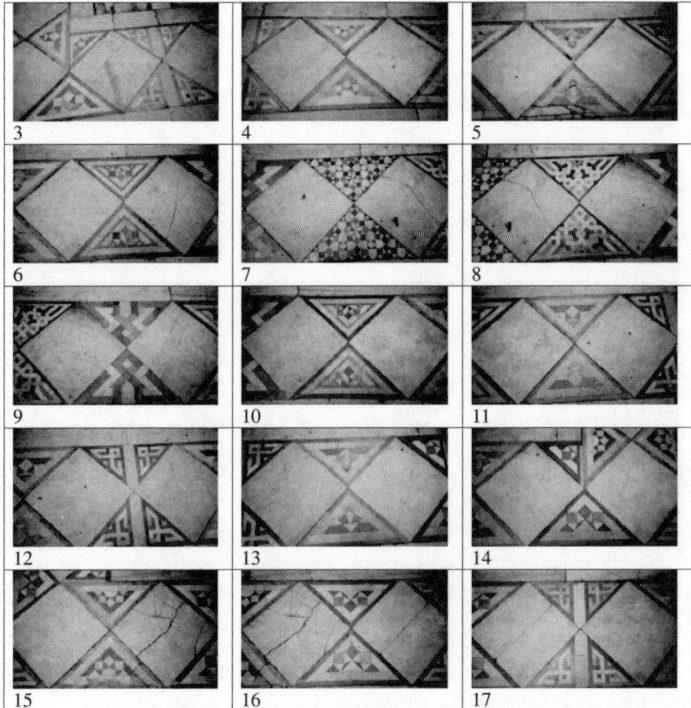

Abbildung 72: Seite 1 des altägyptischen »Chemiebuchs«.

links zu lesen sind, sollte der kundige Chemiker beide Möglichkeiten in Betracht ziehen. (Die Bilder sind hier jeweils von links nach rechts in Serie angeordnet.)

In dieser Zusammenstellung sieht man, worin der Sinn des senkrechten Balkens (siehe Bild 12 und Bild 17 in *Abbildung 72*) besteht: Er ist ein verbindendes Element innerhalb der chemischen Chiffren, es handelt sich also keineswegs nur um eine stilistische Spielerei eines altägyptischen Künstlers. Dagegen sieht man in Bild 3 und 14 (ebenfalls in *Abbildung 72*), wie Bauleute Sultan Hassans, ohne die in den Steinen manifestierten Informationen zu verstehen, chemische Formeln »ums Eck« des Brunnens im Gebetshof ausgelegt haben.

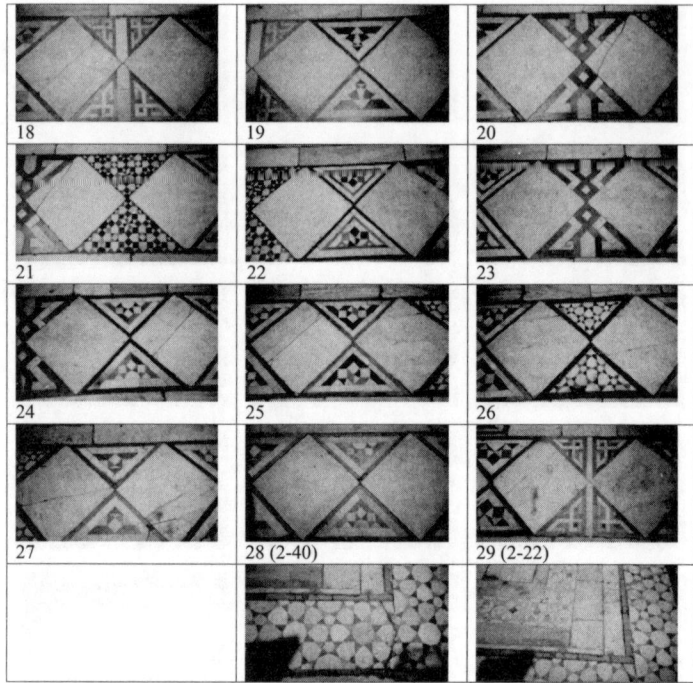

Abbildung 73: Seite 2 des altägyptischen »Chemiebuchs«.

Physiker und Chemiker unserer Tage sind aufgerufen, uns nun zu erklären, wie wir die hier dokumentierten Informationen zu verstehen haben und wie wir das Wissen aus der »Halle der Aufzeichnungen« nutzen können.

Das in *Abbildung 74* gezeigte Achteck, das gleichfalls auf Bodenplatten der Sultan-Hassan-Moschee zu finden ist, stellt offensichtlich chemische Konstellationen oder Prozesse dar. Im Inneren des Achtecks erkennt man vier hellere und fünf dunklere Kreisflächen. In unserer Aufnahme ist der bei fünf Uhr befindliche Kreis eher von grünlicher als von dunkelbläulicher Farbe. Das kann auf Veränderungen während der Jahrtausende zurückzuführen sein, könnte aber auch gewollt sein. Dann stünden vier helle weiteren vier dunkleren und diese acht dem neunten gegenüber. Ver-

Abbildung 74: Ein Blick in das Innere eines Kerns

suchen Sie, es auf dem Bild nachzuvollziehen. Dieses Modell deutet auf ein Ungleichgewicht innerhalb des achteckigen Gebildes hin.

Im anderen Fall stünden fünf dunkle vier hellen Kreisflächen gegenüber. Sie befänden sich zueinander im Gleichgewicht, jedoch nur der Qualität, nicht der Quantität nach (das Verhältnis beträgt 5:4).

Von den acht Seiten des Kerns gehen ebenso viele »Strahlen« ab. Klappt man diese hellen Flächen – die »Strahlen« – nach unten, so bilden sie einen achteckigen Stab (siehe die Skizze links in *Abbildung 75*), und damit erklärt sich auch, was die vielen Muster zwischen den hellen Bahnen versinnbildlichen sollen: Man will uns zeigen, was innerhalb jeweils zweier dieser Stäbe zwischen den einzelnen runden Elementen an chemischen oder physikalischen Prozessen abläuft (siehe die Detailaufnahme eines solchen Keils zwischen zwei Stäben, rechts in *Abbildung 75*). Dagegen bleibt die Wechselbeziehung zwischen dem Element in der Mitte und den acht Elementen am Rand unerklärt.

Dass die Zahl Neun – die Anzahl der Kreisflächen im »Kern« – an die Neunheit von Heliopolis erinnert, mag ein Zufall sein – oder sind die Neun von Heliopolis in Wahrheit

Abbildung 75: Der achteckige Stab *(links)* und die Keile zwischen zwei solchen Stäben *(rechts)*.

keine Götter, sondern die Elementarbausteine des körperlichen Universums?

Wer weiß, was die Sucher verschütteter Wahrheit noch alles erwartet. Am Ende vielleicht die Lösung der Frage aller Fragen – Astrophysik pur?

Abbildung 76, links: Je zwölf solcher Kernstäbe bilden eine Einheit, um die herum chemische Prozesse ablaufen. *Rechts:* wiederum zwölf Kernstäbe, hier um einen in sich geschlossenen Mittelpunkt angeordnet.

Abbildung 77: Der strahlende Energiekern.

Neben den Achtecken, die mit zur Zeit noch unverständlichen Formeln versehen sind, enthält das Material aus der »Halle der Aufzeichnungen« auch Kolonnen jener bekannten Stäbe, jedoch ohne dass ihnen in ergänzenden Feldern eine Beschreibung beigegeben wäre (siehe *Abbildung 76*).

Was ist das Ziel all dieser Informationen? Am Ende erstrahlt der Kern in voller Energie (siehe *Abbildung 77*)! Beginnen wir die Welt der alten Ägypter neu zu entdecken!

Mit der in *Abbildung 77* dargestellten Energie versehen, könnten wir uns auf den Weg machen, unser Sonnensystem zu erobern. In der Sultan-Hassan-Moschee befinden sich Hinweise auf die Art des Antriebs, der hierfür erforderlich wäre, und möglicherweise auch auf die Steuerung (siehe *Abbildung 78*).

Wären diese Aufnahmen die einzigen Bilder, die auf eine »Technik« von wem und woher auch immer weisen würden, könnte ich Kritik an meinen Überlegungen akzeptieren. Aber es sind nur zwei weitere Beispiele aus einem ganzen Katalog ähnlicher Bilder, der mir vorliegt. Auf dem linken Foto in *Abbildung 78* ist deutlich zu erkennen, dass hier ein Antrieb dargestellt werden soll. Im oberen Teil ist eine Vielzahl von Zuleitungen zu sehen, die in das untere

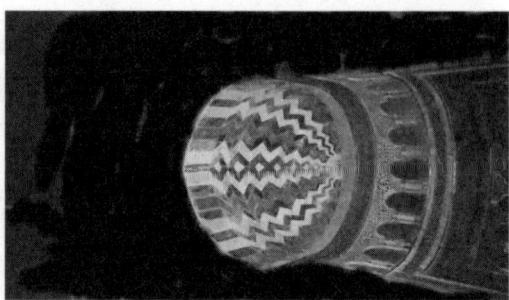

Abbildung 78: Der Antrieb eines Raumschiffs? *Links:* Apparatur in Betrieb. Offenbar sind es sehr viele einzelne Düsen, die eine Steuerung ermöglichen. *Rechts:* Apparatur ausgeschaltet. Eine Energie fließt im Inneren einer Halbkugel. Es scheint also, als ob die Energie einer Kugel entspringt.

Drittel laufen, dorthin, wo man drei Kränze mit kleinen, den Düsen heutiger Technik ähnlichen Details erkennt. Es könnte sich somit um Zuleitungen für die kleinen Düsen handeln. Diese könnten »Steuerdüsen« darstellen, die stufenweise um die große geschlossene Hauptdüse herum angeordnet sind.

ANSTELLE EINES FAZITS

Soweit meine Funde, während jahrzehntelanger Suche nach der vierten Pyramide und dem Erbe unserer geheimnisvollen Vorfahren zusammengetragen – entscheiden Sie selbst, ob meine Hypothesen und Indizien stichhaltig sind.

Von dem Gemäuer der vierten Pyramide selbst ist so viele Jahrtausende nach seinem Abriss natürlich nichts mehr übrig. Von ihrem einstigen Inhalt und von der Intelligenz, die diese Anlage ermöglicht hat, konnte ich Ihnen aber hoffentlich einen recht konkreten und detaillierten Eindruck vermitteln. Ich jedenfalls bin überzeugt davon, dass in nicht allzu ferner Zukunft die Wahrheit über die Pyramiden von Gizeh und damit auch über die frühe Geschichte der Menschheit offenbar werden wird – eine Wahrheit, die weder mit der Vorstellung technisch »primitiver« Pyramidenerbauer noch mit der jüdischen, christlichen und islamischen Schöpfungsgeschichte vereinbar ist.

ANHANG

Ägypten: ein geschichtlicher Abriss

Die ersten Spuren der Zivilisation finden sich, so die offizielle ägyptologische Datierung, **ab 5000 v. u. Z.**: In Afrika wird es wegen einer globalen Klimaveränderung immer wärmer und einst fruchtbare, grüne Savannen und ausgedehnte Gewässer verwandeln sich nach und nach in das trockene Wüstengebiet, das wir heute kennen: die Sahara. Durch die geänderten Lebensbedingungen gezwungen, wandert die Bevölkerung über viele Jahrhunderte weiter nach Süden oder Norden, hinaus aus dem wasserarmen Wüstengebiet, und findet an den fruchtbaren Nilufern ein neues Zuhause. Das Leben dort wird bestimmt durch die regelmäßigen und notwendigen Hochwasser des insgesamt 6671 Kilometer langen Flusses (der ägyptische Anteil beträgt heute 1550 Kilometer), die fruchtbaren Schlamm auf die Acker- und Weideflächen schwemmen. Aufgrund der beengten Verhältnisse am Nil ist die Bevölkerung genötigt, sich zu organisieren. Im Laufe der Zeit entwickelt sich hier aus einer lockeren Ansammlung von Bauern die erste Hochkultur des afrikanischen Kontinents, deren Spuren bis heute erhalten geblieben sind, und krönt die in den dreihunderttausend Jahren der Menschheitsgeschichte dominierende Stellung des afrikanischen Kontinents.

Prädynastische Zeit (zirka 150 Jahre)
Die Historiker unterteilen die ägyptische Geschichte in vier große Epochen, die jeweils durch eine so genannte »Zwischenzeit« getrennt sind.

Nach dem hellenisch gebildeten Priester Manetho (zirka 250 v. u. Z.) wird die ägyptische Geschichte in dreißig Dynastien eingeteilt. Ägyptologen fügten später eine weitere Dynastie vor der ersten (die so genannte 0. Dynastie) und eine am Ende der Liste hinzu. Eine Dynastie bezeichnet dabei die Geschichte vom ersten König bis zum Tod des letzten Nachkommens einer Sippe. Aufgrund mehrerer Faktoren ist es leider sehr schwierig, die einzelnen Dynastien zeitlich genau einzuordnen. Daher können die folgenden Jahreszahlen nur als grobe Richtwerte verstanden werden.

0. Dynastie: In der prädynastischen Zeit war Ägypten noch ein in Ober- und Unterägypten geteiltes Reich. Leider sind die geschichtlichen Daten aus dieser Zeit sehr spärlich und gerade die Namen der damaligen Pharaonen nicht mehr lesbar beziehungsweise nicht zu übersetzen. Einzig die Namen »Skorpion« und »Narmer« sind in Erinnerung geblieben.

Frühzeit (um 3032–2707 v. u. Z.)
1. Dynastie (zirka 3032–2853 v. u. Z.) und 2. Dynastie (2853–2707 v. u. Z.): Der legendäre Pharao Menses vereinigt Ober- und Unterägypten zu einem Reich und begründet die 1. Dynastie. In dieser Zeit (um 3000 v. u. Z.) wird auch die Hieroglyphenschrift entwickelt, die eine beachtliche geistige Leistung und zugleich einen Meilenstein in der menschlichen Zivilisationsentwicklung darstellt, da es fortan möglich war, Geschichte und die daran beteiligten Personen schriftlich zu dokumentieren.

In diese Zeit fallen auch die Entwicklung des ägyptischen Kalenders und erste Handelsbeziehungen zu anderen Völkern und Reichen.

Das Alte Reich (2707–2170 v. u. Z.)
3. Dynastie (2707–2690 v. u. Z.): Durch die Festigung der bestehenden sozialen und politischen Grundlagen wurde das Fundament für die nachfolgenden Dynastien des alten Reiches gelegt. Die enormen wirtschaftlichen und geistigen Potentiale des Niltals wurden gebündelt und sorgten für ein Aufblühen der 3. und 4. Dynastie und für die Ausformung des ägyptischen Kunststils.

Das alte Reich wurde durch Djoser gegründet, den ersten Pharao der 3. Dynastie. Dieser unterteilt das bis südlich von

Assuan reichende Land in zweiundvierzig Gaue und bestimmt Memphis als Hauptstadt des Reichs. Außerdem lässt
er die Stufenpyramide bauen. Ab 2500 v. u. Z. werden in-
tensive Handelsbeziehungen bis nach Vorderasien aufgebaut.

4. Dynastie (2639–2504 v. u. Z.): Die Pharaonen Cheops,
Chephren und Mykerinos, die den Titel »Sohn des Re« (Sonnengott) tragen, lassen (nach offizieller Lesart) die nach
ihnen benannten Pyramiden von Gizeh und außerdem die
Sphinx erbauen. Die Bauwerke stellen eine Meisterleistung
der Baukunst dar, bis heute ist die technische Vorgehensweise nicht restlos geklärt.

5. Dynastie (2504–2347 v. u. Z.): Das Volk beginnt das
Sonderrecht des richterlichen Spruchs von Osiris, welches
allein die Pharaonen innehaben, anzuzweifeln. Es kommt
zu Unruhen und Aufständen, bei denen mehr demokrati-
sche Gleichheit gefordert wird. In dieser Zeit werden die
Sonnenheiligtümer von Abusir erbaut und der Sonnenkult
zur Staatsreligion erklärt.

**6. und 8. Dynastie (2347–2170 v. u. Z.; die 7. Dynastie ist
laut offizieller Ägyptologie ausgefallen):** Der allmähliche
Zusammenbruch des Staates schreitet voran, die Gaufürsten
erhalten immer mehr Macht. Neben den inneren Unruhen
muss Ägypten auch zahlreiche Kriege mit benachbarten
Staaten im Süden (Nubien) und Osten (Palästina, Sinai) ver-
kraften. Dadurch geschwächt, zerfällt das Reich nach dem
Tod von Phiops II. wieder in mehrere Einzelstaaten.

Erste Zwischenzeit (2170–2120 v. u. Z.)
Diese geschichtlich nicht leicht festzulegende Zeit (die
Quellen geben unterschiedliche Enddaten dieser Epoche
an) ist durch die Teilung des Reiches bestimmt. Achtzehn
asiatische Könige regieren teils neben-, teils nacheinander
in Ober- und Unterägypten. Entsprechend gibt es zwei
Hauptstädte: Herakleopolis und Theben. In diese Zeit fallen
auch die 9. und 10. Dynastie.

Das Mittlere Reich (2119-1794 v. u. Z.)

Hauptstadt: Theben (heute Luxor). Gott Amun wird immer stärker verehrt.

11. Dynastie (2119–1976 v. u. Z.): Unter Mentuhotep II. von Theben wird das Reich wieder vereinigt, und es beginnt die Epoche des Mittleren Reiches.

12. Dynastie (1991–1782 v. u. Z.): Der Regierungssitz wird wieder nach Norden in die Nähe Kairos verlegt. Sesostris III. gelingt es nach zahlreichen Schlachten, das Reich der Nubier bis zum dritten Wasserfall des Nils dem ägyptischen Reich einzuverleiben. Dadurch erhält er Zugang zu den reichhaltigen Goldvorkommen Nubiens.

In diese Zeit fällt der Höhepunkt altägyptischer Kunst und Literatur. Die Pharaonen werden zu Gottessöhnen erklärt. Ab 1785 v. u. Z. beginnt das Reich erneut zu zerbröckeln. Auch die nubischen Gebiete müssen nach und nach aufgegeben werden.

Zweite Zwischenzeit (1794/93–1550 v. u. Z.)

Die Hyksos erobern Ägypten. Das ursprünglich aus Kleinasien stammende Volk nennt sich selbst»Hirtenkönige«, es waren aber Nomaden ohne großes Ansehen. Sie erklären Auaris im östlichen Nildelta zur Hauptstadt des Reiches und führen Pferde und Pferdewagen in Ägypten ein. In diese Zeit gehört auch der biblische Joseph, der von einem ägyptischen König zu Hilfe gerufen wird und diesem als Minister dient. Dadurch wird die jüdische Kolonie in Ägypten gestärkt.

In der **13.–17. Dynastie (1794–1550 v. u. Z.)** herrschen mehrere Könige gleichzeitig über das Land. Erst zum Ende der 17. Dynastie kommt es zu ersten Befreiungsversuchen durch thebanische Fürsten.

Das Neue Reich (1550–1070 v. u. Z.)
18. Dynastie (1550–1292 v. u. Z.): Nach der Vertreibung
der Hyksos beginnt die Zeit des Neuen Reichs, das sich von
Syrien bis Nubien erstreckt und damit seine größte ge-
schichtliche Ausdehnung erreicht. Die Könige dieser Zeit
werden im heute so genannten »Tal der Könige« beerdigt.
Zu ihnen gehören zum Beispiel Königin Hatschepsut, die
den Terrassentempel in Deit el-Bahari bauen ließ, und Amenophis III., der mit dem Bau des Tempels von Luxor begann. Amenophis IV., besser bekannt als Echnaton, regiert
ab zirka 1364 v. u. Z. zusammen mit seiner ebenfalls in die
Geschichte eingegangenen Frau Nofretete das ägyptische
Großreich und verlegt die Hauptstadt nach Achetaton
(heute Amarna). Gleichzeitig führt er den Monotheismus
ein und erhebt Sonnengott Aton zur alleinigen Gottheit.
Damit löst er eine religiöse Revolution aus und zieht den
Unmut der Priesterschaft auf sich. Doch erst sein Sohn Tut-
enchamun kann 1347 v. u. Z. von den Priestern gezwungen
werden, den Monotheismus zugunsten einer Dreiheit des
göttlichen Prinzips wieder aufzuheben.
19. und 20. Dynastie (1292–1070/69 v. u. Z.): Aus mehreren Kriegen, unter anderem gegen die Libyer, die Hethiter
und verschiedene Seevölker, geht das Land gestärkt hervor.
Ramses II. unterliegt zwar 1275 v. u. Z. dem Hethiterherr-
scher Muwatallis, kann sich jedoch mit dessen Nachfolger
Hattušili III. auf eine Machtteilung hinsichtlich Syriens einigen. Diese Einigung gilt als der erste Friedensvertrag der
Weltgeschichte. Ramses II. errichtet zahlreiche Bauwerke in
Ägypten, unter anderem den Tempel von Abu Simbel.
    Nach dem Tod von Ramses II., dem letzten großen Pharao
eines vereinigten Ägyptens, beginnt das Reich erneut zu zer-
fallen. Die nubischen Könige von Napata gewinnen mehr
und mehr an Macht, und auch ihr Einfluss auf das ägyptische Militär und die ägyptische Verwaltung nimmt zu.
    Die ersten Königsgräber werden geplündert und ausge-
raubt.

Dritte Zwischenzeit (1070/69–746 v. u. Z.) und Spätzeit (746–zirka 332 v. u. Z.)

Ägypten wird immer mehr verkleinert und ab 745 v. u. Z. von aus Nubien stammenden Königen regiert. In diese Zeit fallen die 21. bis 24. Dynastie.

Um 669 v. u. Z., während der Herrschaft der 25. Dynastie, unterwerfen die Assyrer Ägypten, werden aber schon von Psametrich I. 663 v. u. Z. wieder vertrieben und in ihr ursprüngliches Machtgebiet in Mesopotamien zurückgedrängt. Ägypten gewinnt dadurch Einfluss in dem heutigen Gebiet von Israel, Jordanien, Syrien und Libanon. Doch bereits während der 26. Dynastie (587 v. u. Z.) werden die Ägypter durch den babylonischen König Nebukadnezar II. wieder aus diesem Gebiet vertrieben.

525 v. u. Z. wird der Pharao der 27. Dynastie, Psammetich III., vom Achämeniden-König Kambyses II. geschlagen, und Ägypten wird dem Perserreich einverleibt. Dem Land bleibt zwar noch weitgehende Selbstverwaltung und Religionsfreiheit erhalten, aber den Untergang des einstmals mächtigen Reichs können auch die Pharaonen der drei letzten Dynastien nicht mehr abwenden: Mit der 30. Dynastie endet Anfang des vierten vorchristlichen Jahrhunderts die Herrschaft ägyptischer Könige über das uralte Kulturland am Nil.

Griechische Herrscher (332–306 v. u. Z.)

332 v. u. Z. fällt Ägypten kampflos an den Makedonier Alexander den Großen, der durch seine Feldzüge ganz Klein- und Vorderasien unterworfen hat. 331 v. u. Z. wird Alexandria gegründet. Ptolemaios, ein Feldherr von Alexander, wird zum Verwalter Ägyptens ernannt. Er macht sich 305 als Ptolemaios I. zum König von Ägypten und erklärt Alexandria zur Hauptstadt des neuen Königreichs, das Gebiete des heutigen Israel, des Libanon, Jordaniens und des südlichen Syrien umfasst.

Ptolemäer (306–30 v. u. Z.)
Unter der Herrschaft der Nachkommen des Ptolemaios verliert Ägypten 198 v. u. Z. die Gebiete der heutigen Staaten Israel, Libanon und Jordanien an den Seleukiden-König Antiochos III. Am 2. September 31 v. u. Z. besiegt der römische Feldherr des späteren Kaisers Augustus, Marcus Vipsanius Agrippa, die Flotte der ägyptischen Königin Kleopatra VII. Alexandria wird von den Römern unter Kaiser Augustus erobert, und Ägypten wird römische Provinz. Königin Kleopatra VII. begeht Selbstmord, und mit dem Sohn von Kleopatra und Cäsar endet die Ptolemäer-Dynastie.

Christen in Ägypten
Die Geschichte der Christen (Kopten) in Ägypten beginnt im ersten Jahrhundert unserer Zeitrechnung mit den Urchristen. Aus einem Nebel der Legenden und Wahrheiten tritt der Evangelist Markus als Vater des Christentums hervor. Im ersten Petrusbrief, den die Exegeten Markus selbst oder seinem Jüngerkreis zuschreiben, wird »Babylon« als Absenderadresse genannt. Dieses Babylon war eine römische Garnisonsstadt im Süden des heutigen Kairo. Das lässt zumindest vermuten, dass Petrus-Schüler in der Mitte des ersten Jahrhunderts in Ägypten gewirkt haben könnten. Der Markuslöwe wurde zum Symbol Alexandrias und des ganzen christlichen Ägypten.

188–230: Im Umkreis von Alexandria bestehen viele kleine christliche Gemeinschaften, die sich aus unterdrückten Bauern, Handwerkern, Jägern und Fischern zusammensetzen. Demetrius, Bischof von Alexandria, vereinigt diese Gemeinschaften und stärkt so ihre Position.
ab 251: Das Mönchtum erlebt eine Blütezeit. Tausende von Mönchen und Eremiten beschließen, ihr Leben allein Gott zu widmen. Ihre Vorbilder sind Antonius (251–356) oder Pachomius (287–346). Unter Diokletian und Decius kommt es zu grausamen Christenverfolgungen, in deren Zuge viele

Kopten nach Süden in das Land der Nubier fliehen. Tausende Christen erleiden den Märtyrertod.

313: Das Toleranzedikt, von Galerius 311 erlassen worden, wird von Kaiser Konstantin dem Großen erneuert. Die Lage für die Christen normalisiert sich wieder.

392: Der christliche Kult wird mit dem Edikt von Theodosius zur offiziellen Religion. Außerdem wird die Schließung heidnischer Tempel angeordnet.

17. Januar 395: Das Römische Reich wird in Ost- und Weströmisches Reich geteilt. Ägypten wird dabei Provinz des Oströmischen (Byzantinischen) Reiches, zu dessen Hauptstadt Konstantinopel (das heutige Istanbul) erklärt wird. Von dort aus erfolgt auch die teilweise Christianisierung Ägyptens.

451: Auf dem Konzil zu Chalzedon kommt es zu christologischen Streitigkeiten um die Person und gottmenschliche Natur Jesu. Berühmte Kirchenväter wie Klemens, Origines, Kyrill, Arius und Athanasius haben wesentlichen Anteil an der theologischen Auseinandersetzung. Doch die Streitigkeiten haben eher einen politischen als einen theologischen Hintergrund: Es geht um die Führungsansprüche der großen Patriarchen von Byzanz, Rom und Alexandria. Das ägyptische Volk fühlt sich von Byzanz und der griechischen Reichskirche unterdrückt und sagt sich von ihnen los. In den folgenden zweihundert Jahren bemühen sich die Byzantiner und die griechisch-orthodoxe Kirche um eine Rückführung der Kopten in den Reichsglauben, doch die koptische Kirche beharrt auf ihrem Widerstand.

537: Auf dem Sinai wird unter Kaiser Justinian das Katharinenkloster gegründet.

Ägyptens arabische Zeit

Ab der Eroberung Ägyptens durch die Araber (**um 639**), durch die Ägypten faktisch unabhängig wird, vermischt sich die Geschichte der Christen in Ägypten mit derjenigen der Muslime.

Ägypten erlebt einen kulturellen Aufschwung. In Al Azhar wird **970** die Universität als geistiges Zentrum des Islam gegründet. Viele Moscheen, Schulen und Krankenhäuser werden gebaut, und man führt die Straßenbeleuchtung ein. Aber es gibt auch Leid und Unterdrückung: Viele muslimische Herrscher folgen dem Islam nur nach außen und unterdrücken zugleich mittellose Untertanen, lassen Häuser niederbrennen und schrecken auch vor Massenhinrichtungen nicht zurück.

Zur besseren Übersicht wird im Folgenden die Geschichte von Islam und Christentum in Ägypten einander gegenübergestellt:

Islam	**Christentum**

639 Islamische Araber haben in den Jahrzehnten davor ganz Vorderasien und einen großen Teil des Perserreiches erobert. Unter dem zweiten Kalifen Omar I. (Umar ibn Abd al-Chattab) dringt eine Armee von viertausend Arabern bis 344 in das Niltal vor und annektiert es. Die neuen Herrscher führen den Islam und die arabische Sprache in Ägypten ein. Die Kopten, inzwischen von der byzantinischen Kirche geächtet und vom oströmischen Kaiser verfolgt, sehen in den Arabern die Befreier, die sie vor ihren christlichen Feinden beschützen sollen.

Islam	Christentum
642 Amr al-As zieht im Triumph durch Alexandria, die zweite Hauptstadt des Byzantinischen Reiches. **646** Ein Angriff der byzantinischen Flotte auf Alexandrien wird abgewehrt. El Fustat, das spätere Kairo, wird gegründet. **650** Ägypten unterzeichnet Friedensverträge mit christlichen Königreichen im heutigen Sudan.	**655** Die nubischen Christen wehren sich mit heftigem Widerstand gegen das Vordringen der Araber und insbesondere des Islam. Gegen Ende des 7. Jh. beginnen die herrschenden Muslime, Maßnahmen zu Lasten der Christen einzuführen. So müssen diese eine besondere Kopfsteuer zahlen, werden im öffentlichen Leben zurückgesetzt und in ihren Rechten, besonders als Zeugen und Erben, erheblich beschnitten. **725/726** Aufstände der Christen führen zu keiner Verbesserung ihrer Position. So kommt es gegen Ende des 8. Jh. zu Zerstörungen christlicher Kirchen. Auch äußerlich müssen sich die Christen durch ihre Kleidung von den Muslimen unterscheiden.

Islam	Christentum
868 Ägypten wird durch die Tuluniden-Dynastie von den Abassiden befreit. Ahmed Ibn Tulun begründet die bis 905 andauernde Tuluniden-Dynastie.	**829/830** Erneute Aufstände der Christen gegen die herrschenden Muslime werden von Mamun niedergeschlagen.
	Um 900 Der sunnitische Islam hat die Mehrheit der Bevölkerung für sich gewonnen. Die Rückkehr zum alten Glauben wird mit dem Tod bestraft.
969 Ägypten wird erneut erobert, diesmal durch die Fatimiden, die von Westen (Libyen) aus vorstoßen. Die Fatimiden gründen Kairo und erklären es zum Zentrum des schiitisch-islamischen Kalifats.	**996–1021** Die Fatimiden ernennen zahlreichen Christen zu Ministern, zugleich aber befiehlt Kalif Hakim die Zerstörung der Kirchen im Staatsgebiet.
	1099 Beginn der Kreuzzüge. Gottfried von Bouillon (um 1060–1100) siegt in der Schlacht von Askalon über den Sultan von Ägypten.
1171–1250 Sultan Salah ad-Din (bis 1193), Begründer der sunnitisch-islamischen Aijubiden-Dynastie (bis 1250), übernimmt die Macht in Ägypten. Er ruft zum heiligen Krieg gegen die christlichen Kreuzfahrerstaaten auf. Seine Truppen	

Islam	Christentum
vertreiben die Kreuzritter aus Jerusalem und den meisten Städten entlang der palästinensischen und syrischen Mittelmeerküste.	
1250–1517 Die Mamelucken, ehemalige Söldner und Sklaven, die hauptsächlich aus der Türkei rekrutiert wurden, stürzen die Dynastie der Aijubiden und übernehmen bis 1517 die Macht in Ägypten.	**1219** Franz von Assisi trifft Sultan Ayyubide al-Kamel. Christliche Kreuzfahrer nehmen im Zuge des fünften Kreuzzuges das ägyptische Damiette ein, müssen dieses aber 1221 wieder aufgeben.
1356 Sultan Hassan beginnt mit dem Bau der nach ihm benannten Moschee.	**14. Jh.** Allgemeine Christenverfolgung, in deren Zuge viele koptische Christen nach Oberägypten fliehen.
	15. Jh. Der Anteil der Kopten ist auf weniger als ein Zehntel der Bevölkerung gesunken, eine Quote, die bis heute nicht mehr überstiegen worden ist.
1517–1714 Die Osmanen (Türken) unter Sultan Selim I. unterwerfen Gebiete der heutigen Staaten Libanon, Syrien, Irak, Israel und Jordanien. Auch Ägypten wird unterworfen, erhält aber weitgehende Selbstverwaltung und wird zur Provinz des Osmanischen Reiches.	**Anfang des 18 Jh.** Jesuiten und Franziskaner beginnen ihre Missionsarbeit in Ägypten

1798: Napoleon Bonaparte führt die ägyptische Expedition an und besetzt das Land. In der entscheidenden Schlacht am 21. Juli 1798 bei den Pyramiden von Gizeh besiegt sein Heer die Mamelucken und erobert Ägypten. Doch schon 1801 besiegen die Engländer in der Seeschlacht von Abukir mit einem Gemeinschaftsheer aus Engländern und Osmanen die Franzosen und vertreiben diese wieder aus Ägypten.

1805–1849: Der türkische Offizier Mehmed Ali, der sich schon in der Schlacht von Abukir hervorgetan hat, erklärt sich zum Pascha (Statthalter) von Ägypten. 1806 wird sein Status offiziell von Istanbul anerkannt. Mehmed Ali modernisiert das Land und dessen Wirtschaft, indem er den Anbau von Baumwolle anordnet. Er gilt als Begründer des späteren modernen Staates Ägypten und ist gleichzeitig der Begründer einer Dynastie, die erst 1942 mit der Abdankung von König Faruk enden wird.

25. April 1859: Erster Spatenstich für den Bau eines Kanals, der das Mittelmeer mit dem Roten Meer verbinden soll. Said, der Enkel Mehmed Alis, erteilt Frankreich die Konzession dazu. Mit dieser Entscheidung sollte sich Ägypten einen entscheidenden Wirtschaftsfaktor aufbauen.

17. November 1869: Der unter der Leitung von Ferdinand Vicomte de Lesseps gebaute Suezkanal wird eröffnet. Die Wasserstraße verkürzt den Seeweg von London nach Bombay um fast neuntausend Kilometer.

20. Jahrhundert: Die für das Land einschneidendste Veränderung dürfte der Bau des Assuan-Staudamms gewesen sein. Seither ist der durch die Überschwemmungen des Nils geprägte Zeittakt verlorengegangen.

Geometrie in Stein: die Pyramiden

»Die unerhörteste architektonische Idee, die nicht zu übertreffen ist«, so qualifizierte Goethe die ägyptischen Pyramiden.

Man geht heutzutage von zirka achtzig Pyramiden in Ägypten aus. Die Ägyptologen nehmen an, dass es ehedem bedeutend mehr dieser Bauwerke gegeben hat. Einige haben die Jahrtausende nicht überstanden, weil ihr Baumaterial zum Beispiel aus Lehmziegeln bestand, die dem Zahn der Zeit zum Opfer fielen. Andere gingen im Wüstensand unter oder versanken im Schlamm des Nils. Tatsächlich trifft man Pyramiden nicht in ganz Ägypten, sondern nur am Nil an, auf einer Länge von etwa hundert Kilometern aneinandergereiht.

Die Bezeichnung »Pyramide« stammt von den Griechen. Man ist sich allerdings nicht einig, von welchem Wort sie abgeleitet worden ist. Eine mögliche Erklärung ist das griechische *pyr*, »Feuer«, da das lohende Feuer einen spitzen Kegel bildet, ähnlich der Pyramidenform. Ebenso könnte das Wort sich auch von ägyptisch *pyra* ableiten, was »Grab« bedeuten kann, aber auch »Weizenbrot«, der Kegelform halber, in der diese Brote gebacken wurden. Eine dritte Möglichkeit ergibt sich schließlich aus dem altägyptischen Wort *pr-m-vs*, das eine nicht näher bestimmbare Figur der Raumgeometrie bezeichnet.

Meiner Ansicht nach spricht einiges dafür, dass sich das Wort »Pyramide« letztlich von *pyr*, »Feuer«, ableitet, was auf die einstige Funktion der Pyramiden im Hinblick auf Energiegewinnung und -verteilung hindeuten würde.

Aufbau und Innenausbau der Pyramiden aus ägyptologischer Sicht

Zuzeiten der Pharaonen wurden die Pyramiden jeweils in den drei Überschwemmungsmonaten (Mitte August bis Mitte November) errichtet, in denen Ägyptens Ackerbaubevölkerung sonst zur Untätigkeit verurteilt gewesen wäre. Nach dem Aufwuchten des Pyramidenkerns als riesige vierfrontige Stufentreppe wurden die großen Stufenabsätze von Stockwerk zu Stockwerk mit möglichst einheitlichen Zwischenschichten ausgefüllt. Auf diese Weise entstand zunächst eine noch allseitig erklimmbare Schichtpyramide. Danach wurden die Außenflächen der Pyramide von oben nach unten geglättet, so dass sie schließlich wie homogene Riesenkristalle in der Sonne leuchteten oder bei Nacht unter den Sternen und im gleißenden Mondlicht geheimnisvoll schimmerten.

Die Verkleidung der Cheopspyramide bestand ursprünglich aus einer schneeweißen Kalksteinverbrämung, die sauber und sorgfältig in sich verzapft und unverrückbar verspannt wurde. Sie wurde im zweiten Jahrtausend zum Aufbau von Kairo verwendet, so dass das Bauwerk sich heute als unverkleidete Schichtpyramide darbietet.

Die Pyramidenkammern wurden im Felsuntergrund, in der Höhe des Pyramidenpflasters oder im Schwerpunkt der Pyramidensteinmasse errichtet. Nur bei der Cheopspyramide wurde die Grabkammer außer durch den Zugangsstollen auch noch durch enge Lüftungskanäle (20×20 cm^2) mit der Außenwelt verbunden.

Die Anhänger der Grabmal-Theorie gehen davon aus, dass nach der Beisetzung der Mumie in der Grabkammer die Zugangsschächte endgültig zugemauert wurden, so dass niemand mehr den Einstieg erkennen konnte. Dem halten die Gegner dieser Ansicht entgegen, dass ausklappbare Luken jederzeit den Zugang gestatteten.

Verschiedene Pyramidentypen

Die Stufenpyramide von Sakkara

Nicht alle Pyramiden sind regelmäßige Körper. Eine der ältesten Formen repräsentiert die Stufenpyramide in Sakkara, die sich Pharao Djoser erbauen ließ. Das Fundament bildet ein Rechteck von 125 mal 115 Metern. Sie ist rund sechzig Meter hoch und besaß nie eine glatte Außenhaut, sondern war von vornherein als Stufenpyramide gebaut.

Die Knickpyramide von Dahschur

Eine weitere, von den regelmäßigen Körpern der Pyramiden abweichende Form findet sich in Dahschur. Die dortige Pyramide hat geknickte Wände. Ihre Form wird von den einen damit erklärt, dass die Erbauer ursprünglich vorhatten, sie wesentlich höher zu errichten, und sich dann, als sie das untere Drittel fertig hatten, entschlossen, die Bauzeit zu verkürzen. Eine andere Meinung besagt, dass die Baumeister wegen der Statik Bedenken bekommen und daher einen wesentlich flacheren Böschungswinkel gewählt hätten.

Die regelmäßigen Pyramiden

Diese Pyramiden, zu denen die Bauwerke auf dem Plateau von Gizeh gehören, sind regelmäßige vierseitige Kegel mit quadratischem Grundriss und ähneln einander wie ein Ei dem anderen. Bei der Cheops- und der Chephrenpyramide handelt es sich um die höchsten Bauwerke des gesamten Altertums, die etwa die Höhe des babylonischen Turms um mehr als ein Drittel übertrafen. Die drei Pyramiden zusammen bilden wahrscheinlich einen der bekanntesten Gebäudekomplexe der Welt.

Die Cheopspyramide erreichte über einer quadratischen Grundfläche mit 230,36 Meter Seitenlänge ursprünglich eine Spitzenhöhe von 146,60 Metern. Heute beträgt ihre Höhe 138 Meter. Es wurden rund 2,5 Millionen Kalksteinblöcke verbaut, die im Durchschnitt 2,5 Tonnen wiegen und aus einem Steinbruch in der Nähe stammen. Wie der Transport bewerkstelligt wurde, ist bis heute nicht restlos geklärt. Nach offizieller Ansicht konnte das insgesamt über 6 Millionen Tonnen schwere Bauwerk nur mit Hilfe von Rampen, Hebelvorrichtungen, Walzen und durch Ochsen gezogene Schlitten errichtet werden, da die Menschen der damaligen Zeit keine entwickeltere Technik besaßen. Zugleich aber wird den Erbauern bescheinigt, dass sie die Pyramide mit einer kaum nachvollziehbaren Genauigkeit errichtet hätten.

Die Pyramide steht auf einer künstlich angelegten Ebene, deren horizontale Abweichung weniger als 2 Zentimeter beträgt. Ihre vier Seiten sind mit einer geringen Abweichung nach Norden, Süden, Osten und Westen ausgerichtet. Niemand weiß bis heute, weshalb diese Perfektion den Erbauern derart wichtig war.

Nach der herrschenden Theorie soll sie das Grabmal des Pharaos Cheops gewesen sein. Seltsam ist allerdings, dass man in dieser und auch in den anderen Pyramiden nie einen Leichnam gefunden hat. Als im 9. Jahrhundert eine offizielle Delegation in die Cheopspyramide eindrang und unter größten Schwierigkeiten die Grabkammer des Königs erforschte, fand sie den großen Steinsarg leer, ohne ein Anzeichen vorheriger Zerstörung.

Von einem 18 Meter hohen Eingang an der Nordseite aus gelangt man geduckt durch einen niedrigen, engen Gang zur großen Galerie, die 46,6 Meter lang ist. Diese führte zur so genannten Grabkammer des Königs. Sie befindet sich 42,7 Meter über der Erde und beherbergt den leeren Granitsarg. In der Pyramide gibt es zwei weitere leere Kammern, und außerhalb wurde 1954 in einer Grube ein 43,6 Meter langes Boot aus Zedernholz gefunden. Es war zum Teil zerlegt und kann heute im Solar-Barque-Museum bei den Pyramiden besichtigt werden. Es gibt Hinweise, dass weitere Boote in der Nähe verbrannt wurden. Die Boote waren wahrscheinlich für die Reise des toten Herrschers in ein neues Leben bestimmt.

Die Chephrenpyramide erhebt sich etwa 160 Meter von der Cheopspyramide entfernt und einige Meter höher gelegen auf dem Plateau. Sie ist heute 136,60 Meter hoch und hat eine Seitenlänge von 210,50 Metern. An ihrer Spitze kann man noch ein Stück der ursprünglichen Verkleidung sehen.

Die Raumverhältnisse in der Chephrenpyramide sind, verglichen mit denen der Cheopspyramide, sehr einfach gehalten. Der obere Korridor führt bei einer Höhe von 11,5 Metern an der Nordseite hinunter bis zum Felskern und dann 56 Meter bis zur »Grabkammer« (mit Granitsarkophag und Deckel). Der untere Korridor führt vom Bodenniveau an der Nordseite 34,2 Meter abwärts und dann horizontal 15,8 Meter weiter. Von da aus geht es dann über 22,4 Meter weiter aufwärts, wo der Gang wieder auf den oberen Korridor trifft. Vom horizontalen Gang verläuft ein weiterer 6,7 Meter langer Gang in eine untere Felskammer. Die beiden Gangsysteme lassen angeblich zwei verschiedene Bauphasen erkennen.

Die Verkleidung der Pyramide besteht zuunterst aus Assuangranit, jedoch im Wesentlichen aus Turakalkstein. Eine Kultpyramide liegt auf der Südseite, ein Totentempel auf der Ostseite, und neben dem Tempel befinden sich fünf Bootsgruben.

Die Verkleidung der Pyramide von Chephren, dem Sohn des Cheops, wurde auf Befehl von Sultan Hassan abgetragen, um die Sultan-Hassan-Moschee zu errichten.

Die Mykerinospyramide ist der kleinste der drei Bauten und liegt 200 Meter von der Chephrenpyramide entfernt. Sie ist 62 Meter hoch, und ihre Seitenlänge beträgt 108 Meter.

Sphinx und Sphinxtempel
Die Sphinx gilt seit je als Symbol des Geheimnisvollen. Sie wurde von Pharao Chephren erbaut, wahrscheinlich ist der Kopf sogar ein Porträt von ihm. Im Verhältnis zu den hinter ihr aufragenden riesigen Pyramiden wirkt sie wie ein Kätzchen, tatsächlich ist aber auch die Sphinx ein Monument von beeindruckender Größe. Sie ist 21 Meter hoch und 74 Meter lang. An der breitesten Stelle misst das Gesicht 4,20 Meter. Wahrscheinlich war die Sphinx als Wächter für die hinter ihr liegende Totenstadt gedacht. Die Nase ist zum Teil abgebrochen und der Bart vollkommen verlo-

rengegangen. Ursprünglich dürfte sie mit Gips verkleidet und bemalt gewesen sein.

Vor der Sphinx befindet sich eine Stele, auf der die merkwürdige Geschichte von Pharao Thutmosis IV. aus dem 15. Jahrhundert v. u. Z. niedergeschrieben ist: Er rastete nach einer Gazellenjagd im Schatten der Sphinx, schlief ein und träumte davon, den ägyptischen Thron zu besteigen, nachdem er die Statue vom Sand befreit hätte. Das tat er auch und wurde, wie versprochen, zum Pharao gekürt.